Lucia Maddii Maria

Forte! 1

Corso multimediale di lingua italiana per bambini

QUADRO EUROPEO DI RIFERIMENTO A1

EDILINGUA

www.edilingua.it

Lucia Maddii, laureata in Pedagogia, è stata per lungo tempo docente in classi plurilingue ed ha operato come insegnante facilitatrice in laboratori linguistici rivolti ad alunni stranieri frequentanti la scuola primaria italiana. Ha lavorato come docente distaccata presso l'Agenzia Nazionale per lo Sviluppo dell'Autonomia Scolastica (ex IRRE) della Toscana occupandosi di formazione dei docenti di ogni ordine e grado sui temi dell'educazione interculturale, dell'accoglienza degli alunni stranieri e della didattica dell'italiano L2/LS sia in Italia sia all'estero. Su questi temi è stata coordinatrice di progetti europei e collabora con Università, Associazioni e Amministrazioni Comunali per la progettazione di iniziative di sostegno al successo scolastico degli alunni con cittadinanza non italiana. Attualmente è dirigente scolastico. Ha pubblicato numerosi articoli e materiali didattici anche multimediali per l'insegnamento dell'italiano a bambini stranieri.

Maria Carla Borgogni, laureata in Lettere Moderne, ha conseguito la certificazione in Didattica dell'italiano come lingua straniera ed è stata docente in classi plurilingue, insegnante facilitatrice in percorsi e interventi linguistici rivolti ad alunni stranieri frequentanti la scuola primaria e secondaria italiana. Attualmente è docente di scuola secondaria di primo grado, promotrice e coordinatrice di interventi didattici e laboratori di italiano come L2/LS. Si occupa della formazione dei docenti di ogni ordine e grado sui temi dell'accoglienza degli alunni stranieri e della didattica dell'italiano L2/LS. Consulente e referente per Centri di Documentazione e Amministrazioni locali progetta e coordina percorsi didattici e interventi rivolti ad alunni con cittadinanza non italiana. Ha pubblicato articoli e materiali didattici per l'insegnamento dell'italiano a bambini e ragazzi stranieri.

Un grazie speciale alle nostre famiglie e in particolare ai nostri figli Caterina, Daniele,
Francesco e Matteo che ci hanno sostenuto con pazienza e affetto,
e alle piccole Bianca e Chiara che ci hanno allietato con i loro sorrisi.

Sede legale
Via Giuseppe Lazzati, 185 00166 Roma
Tel. +39 06 967 27 307
Fax +39 06 944 43 138
www.edilingua.it
info@edilingua.it

Deposito e Centro di distribuzione
via Moroianni, 65 12133 Atene
Tel. +30 210 57.33.900
Fax +30 210 57.58.903

I edizione: ottobre 2009
ISBN: 978-960-6632-65-5
Redazione: L. Piccolo, A. Bidetti, M. Dominici
Illustrazioni del libro: G. Chatzakis; animazioni video in 3D: M. Fantechi
Impaginazione e progetto grafico: *Studio Editoriale*, Milano
Registrazione dialoghi e composizione musiche: *Egea* Edizioni Discografiche, Perugia
Voci: *Piccola Bottega Corale di Scienza e Arte*, Perugia
Realizzazione tecnica del CD-ROM: *Autori multimediali*, Milano

Stampato su carta priva di acidi, proveniente da foreste controllate.

Ringraziamo per la collaborazione e gli spunti offerti nella fase di elaborazione:
i docenti che hanno frequentato i corsi di formazione sulla didattica dell'italiano L2 organizzati dall'IRRE Toscana; i docenti albanesi del Progetto Illiria (progetto per la Promozione della Lingua Italiana in Albania).
Per il sostegno e l'incoraggiamento:
i docenti della Direzione Didattica di Figline Valdarno (FI), dell'Istituto Comprensivo "Petrarca- Magiotti" di Montevarchi (AR), dell'Istituto Comprensivo "Giovanni XXIII" di Terranuova Bracciolini (AR).
Per la traduzione delle icone:
Abdelillah Balboula per la lingua araba, Tone Marashi Mehilli per la lingua albanese e Zheng Danmei per la lingua cinese.

Ringraziamo sin d'ora i lettori e i colleghi che volessero farci pervenire eventuali suggerimenti,
segnalazioni e commenti sull'opera (da inviare a redazione@edilingua.it)

Premessa

Forte! - IL CORSO

Forte! è un corso originale e innovativo per bambini e ragazzi dai 7 agli 11 anni che si avvicinano allo studio della lingua italiana in Italia o all'estero; è adatto anche a bambini di 6 anni già alfabetizzati e in contatto con la lingua italiana.
Inoltre, per i bambini più piccoli sono stati pensati e realizzati due volumi propedeutici: Piccolo e forte! A e Piccolo e forte! B.

Piccolo e forte! A è indicato per bambini di età compresa fra i 4 e i 6 anni e prevede un primo contatto con l'italiano esclusivamente orale.
Piccolo e forte! B è indicato per bambini di età compresa fra i 5 e i 7 anni, che si avvicinano all'apprendimento della lingua italiana anche scritta.

In base all'età e alla competenza linguistica dei bambini, si può scegliere di utilizzare:
- Piccolo e forte! A e poi Piccolo e forte! B prima di passare a *Forte! 1*
  oppure
- Piccolo e forte! B prima di passare a *Forte! 1*.

Grazie alla flessibilità dei materiali, *Forte!* può essere utilizzato in diversi contesti d'insegnamento in base agli studenti, alla classe, alle lingue di origine e al loro livello di alfabetizzazione.

Dall'esperienza a ***Forte!*** - L'ESPERIENZA

Forte! nasce dall'esperienza diretta delle autrici come insegnanti di italiano lingua straniera e come formatrici di docenti della scuola primaria e secondaria di primo grado in Italia e all'estero; esperienze durante le quali hanno maturato l'idea di realizzare il materiale del corso, sottoponendolo poi a continua verifica e sperimentazione in classe.

Le scelte - I PUNTI DI FORZA

Il corso si fonda su un'attenta analisi dei bisogni linguistico-comunicativi dei bambini e dei ragazzi che si avvicinano alla lingua italiana e si sviluppa avendo come punto fermo la loro centralità nel processo di apprendimento-insegnamento della lingua. Perciò le proposte didattiche, nel rispetto dei diversi stili cognitivi e delle naturali tappe di apprendimento di una lingua, si rifanno essenzialmente ad un approccio umanistico-affettivo e a metodologie ludiche.
In questa prospettiva, si è considerata l'importanza della motivazione dei ragazzi all'apprendimento della lingua attraverso un approccio coinvolgente, in cui ascolti e dialoghi presentino un modello corretto, ma quanto più vicino alla lingua d'uso.
Il corso ha come filo conduttore le divertenti avventure illustrate a fumetti di cinque ragazzi di differente nazionalità e dei loro amici.
La ricchezza dei materiali e la ripresa successiva dei contenuti, presentati secondo un andamento a spirale, rendono *Forte!* un corso flessibile, adattabile a diversi stili di apprendimento e a diversi contesti d'insegnamento.

Premessa

Forte! 1 (livello A1)

Il *Libro dello studente ed esercizi* si articola in:

- 1 Unità introduttiva e 6 Unità, che hanno come filo conduttore una simpatica storiella. Le unità sono suddivise a loro volta in tre sotto-unità (●●●), ciascuna introdotta da un'attività motivante che richiama la storia che fa da sfondo. Seguono attività di comprensione e produzione, canzoni e filastrocche. Le attività sono accompagnate da uno o più simboli per rendere più chiaro il compito da svolgere. Al termine di ogni unità si trova la sezione Vocabolario per la ripresa delle parole impiegate;
- 2 Intervalli!!!, ricchi di attività e giochi stimolanti per il riepilogo delle conoscenze;
- Esercitiamoci!, sezione per il consolidamento e il reimpiego delle strutture;
- L'angolo della grammatica, con box grammaticali, formule ed esempi d'uso;
- L'angolo del taglia e incolla, in appendice, con le immagini e le frasi da ritagliare e utilizzare durante le attività proposte;
- CD audio (allegato al libro), contenente i brani di ascolto e le canzoni;
- CD-ROM (allegato al libro), contenente animazioni in 3D (basate su uno o due dialoghi di ogni unità) e il karaoke di tutte le canzoni. Le attività del libro che rimandano al CD-ROM sono contrassegnate dal simbolo . L'insegnante potrà così presentare l'input sotto varie forme e in maniera sempre stimolante: di alcuni dialoghi avremo la semplice lettura, di altri lettura + ascolto e di altri ancora lettura + ascolto + video; inoltre potrà far ascoltare prima le canzoni, con il CD audio, e poi farle cantare ai bambini che in questo modo impareranno giocando.

La *Guida per l'insegnante* fornisce spiegazioni dettagliate, indicazioni e consigli per lo svolgimento delle attività e dei giochi. Per ogni unità presenta:

- uno schema dei contenuti, utile anche in fase di programmazione delle attività didattiche;
- attività preparatorie, che servono ad avvicinare i bambini ai contenuti dell'unità;
- attività per il consolidamento e per lo sviluppo delle abilità di base.

È ricca di schede e materiale di lavoro fotocopiabili, carte, immagini per realizzare memory, tombole e flashcard.

Nel nostro sito www.edilingua.it sono disponibili vari materiali didattici: il glossario e le flashcard della Guida.

Completano *Forte!*:

- ***Giochiamo con Forte!***, kit con oltre 50 giochi ispirati al corso;
- ***Forte in grammatica!***, volume che presenta in modo chiaro, intuitivo e giocoso le strutture fondamentali della lingua e le esercita tramite attività di vario genere.

Elenco dei simboli

con traduzione in inglese, spagnolo, francese, tedesco, portoghese, albanese, cinese e arabo.

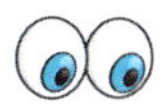

Leggi/Osserva; Read/Observe; Lee/Observa; Lis/Observe; Lies/Betrachte; Lê/Observa; Lexo/Vërej; 读/观察; اقْرأْ - لاحِظْ

Disegna/Colora; Draw/Colour; Dibuja/Colorea; Dessine/Colore; Zeichne/Male aus; Desenha/Colora; Vizato/Ngjyros; 涂颜色/画画; ارْسُمْ - لَوِّنْ

Scrivi/Completa; Write/Complete; Escribe/Completa; Ecris/Complète; Schreib/Ergänze; Escreve/Completa; Shkruaj; 写; اكْتُبْ - أكْمِلْ

Ascolta; Listen; Escucha; Ecoute; Höre zu; Ouve; Dëgjo; (注意)听; اسْتَمِعْ

Ritaglia e incolla; Cut out and paste; Corta y pega; Découpe et colle; Schneide aus und klebe auf; Recorta e cola; Prej e ngjit; 先剪后粘贴; قُصَّ وألْصِقْ

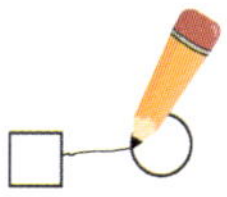

Unisci; Join together; Une; Assemble; Verbinde; Une; Bashkoj; 连接; صِلْ

Mima; Mime; Imita; Mime; Ahme nach; Mima; Kopjoni; (不出声)以动作表达; قَلِّدْ

Parliamo/Ripeti; Let's speak/Repeat; Hablamos/Repite; Parlons/Répète; Wir sprechen/Wiederhole; Fala/Repete; Flasim/Përserit; 一起说/重复(一遍); لِنَتَحَدَّثْ - أعِدْ

Cerca; Find; Busca; Cherche; Finde; Procura; Kërko; 找一找; ابْحَثْ

Cantiamo; Let's sing; Cantamos; Chantons; Lasst uns singen; Canta; Këndojmë; لِنُغَنِّ
一起唱歌;

Metti in ordine; Put in the correct order; Ordena; Mets en ordre; Ordne an; Coloca em ordem; Vendosni në radhë; 把东西整理好; رَتِّبْ

5 - 7

Fai le attività 5-7 in *Esercitiamoci!*; Complete activities 5-7 in *Esercitiamoci!*; Haz las actividades 5-7 en *Esercitiamoci!*; Fais les activités 5-7 dans *Esercitiamoci!*; Mach die Übungen 5-7 in *Esercitiamoci!*; Faz as actividades 5-7 em *Esercitiamoci!*; Kryej aktivitetet 5-7 ne *Esercitiamoci!*; 在*Esercitiamoci!*中, 请做第5-7项; قُمْ بالأنشِطة 5 . 7 ب *Esercitiamoci !*

Ciao! Come ti chiami?

1 Leggi e completa. Disegna e colora.

LUI SI CHIAMA EDMOND E LUI SI CHIAMA SIMONE. FACCIAMO LA TERZA B.
TU SEI LA NUOVA COMPAGNA?! BENVENUTA!
ANCH'IO SONO IN TERZA B!
PAULA
E TU, COME TI CHIAMI?
CHE CLASSE FAI?
MI CHIAMO ……………………………, FACCIO LA …………………………….
CIAO!
FORTE

2 **Come ti chiami?**

Completa con: EDMOND, FANG FANG, PAULA, HAMID **e** SIMONE**.**

IO MI CHIAMO

....

IO MI CHIAMO

....

IO MI CHIAMO

....

IO MI CHIAMO

....

IO MI CHIAMO

....

3 **Completa.**

CIAO, MI CHIAMO HAMID. IO SONO IN TERZA B.

IL BAMBINO SI CHIAMA ....

FA LA ....

CIAO, IO SONO PAULA. ANCH'IO FACCIO LA TERZA B.

LA BAMBINA SI CHIAMA ....

FA LA ....

LEI È FANG FANG. È IN TERZA B. È LA NUOVA COMPAGNA.

LA BAMBINA SI CHIAMA ....

È LA NUOVA ....

CIAO, MI CHIAMO

....

IO FACCIO LA

....

IL BAMBINO SI CHIAMA EDMOND.

FA LA TERZA B.

4 Da dove vieni?
Unisci, completa e disegna.

CIAO, SONO SIMONE. SONO ITALIANO. VENGO DALL'ITALIA.

CIAO, SONO FANG FANG. SONO CINESE. VENGO DALLA ....

CIAO, SONO HAMID. SONO MAROCCHINO. VENGO DAL ....

CIAO, MI CHIAMO EDMOND. SONO ALBANESE. VENGO DALL' ....

BRASILE

MAROCCO

ITALIA

ALBANIA

CINA

....

CIAO, SONO PAULA. SONO BRASILIANA. VENGO DAL ....

CIAO, MI CHIAMO ....

SONO ....

VENGO DA ....

5 Ascolta e canta: "Forte!".

FORTE!
EDMOND, PAULA, HAMID, SIMONE
FANG FANG: VIVA NOI...
CHE CONFUSIONE!

EDMOND, PAULA, HAMID, SIMONE
FANG FANG: VIENI ANCHE TU
COMINCIA LA LEZIONE!
FORTE!

1 - 4

1 **Osserva e colora.**

2 **Ora ascolta.**

3 **Ritaglia gli oggetti a pagina 115. Ascolta, scegli e incolla.**

CD-ROM

4 Leggi.

5 Unisci.

1

2

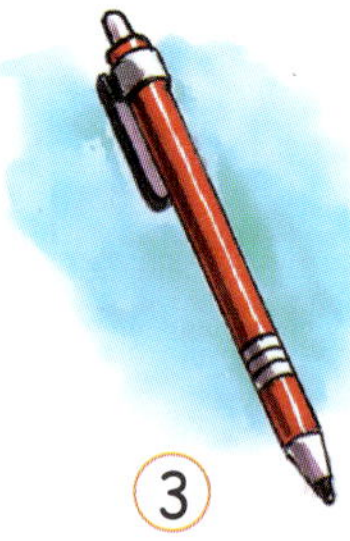
3

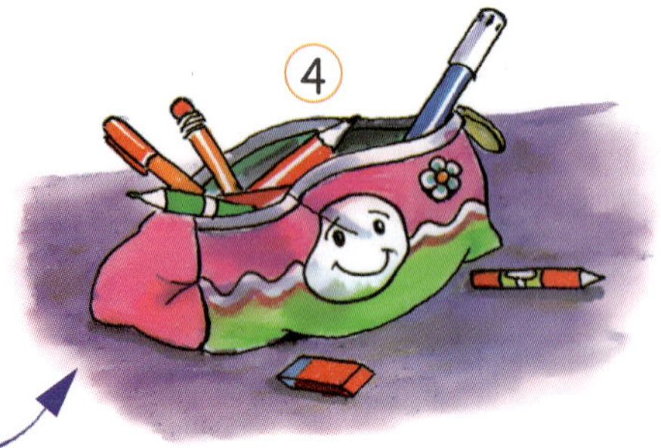
4

LA PENNA | LA MATITA | LA COLLA | LE FORBICI | LO ZAINO

IL LIBRO | IL QUADERNO | L'ASTUCCIO | LA GOMMA

5

6

7

8

9

6 Disegna gli oggetti dentro l'astuccio.

LA PENNA
LA MATITA
LA GOMMA
LA COLLA
LE FORBICI

7 Scrivi.

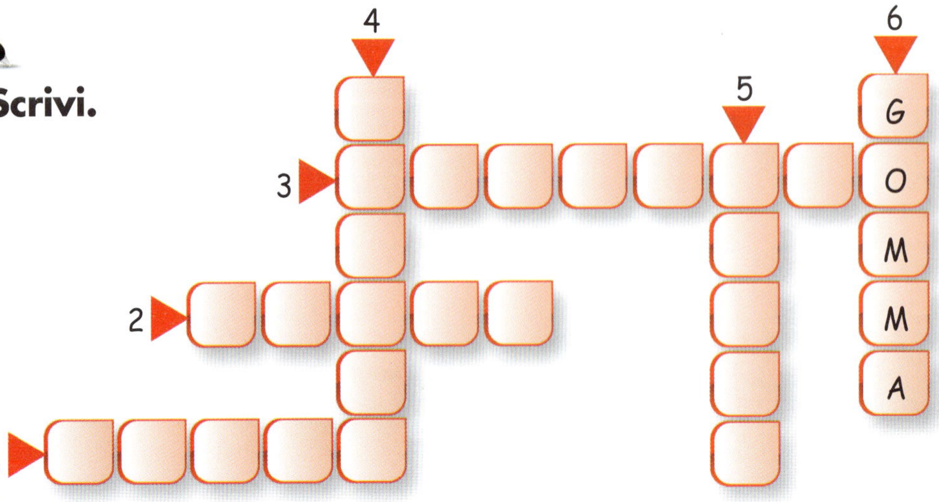

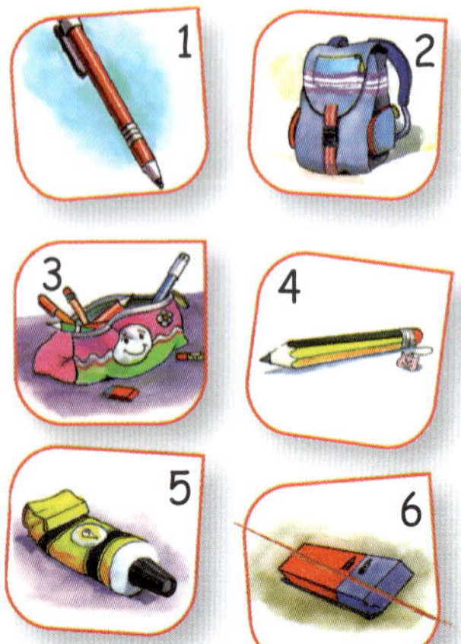

1 - 2

1 Completa con:

GESSO

PORTA

BANCO

CESTINO

SEDIA

~~LAVAGNA~~

CARTA GEOGRAFICA

CATTEDRA

FINESTRA

2 Ascolta e mima. Completa con: BANCO, LAVAGNA, PORTA.

3 Unisci e mima.

STAI SEDUTO | VIENI QUI | ALZATI | APRI IL LIBRO

CHIUDI IL LIBRO | PRENDI LA PENNA

4 Ritaglia le frasi a pagina 115. Gioca con il tuo compagno: mima le azioni!

5 Caccia all'errore. Metti ✓ o ✗.

LEGGI IL LIBRO.	✓	LEGGI LA MATITA.	✗
1. SCRIVI CON LA GOMMA.	☐	3. CANCELLA CON LA PENNA.	☐
2. APRI LO ZAINO.	☐	4. CHIUDI LA PORTA.	☐

6 Che cosa fa? Completa con: SCRIVE, LEGGE, CANCELLA.

EDMOND .... UN LIBRO.

PAULA .... CON LA PENNA.

HAMID .... CON LA GOMMA.

3 - 4

1 Cerca gli oggetti per colorare.

2 Leggi e colora.

GRAZIE!
PRENDETE I PENNELLI. COLORATE I DISEGNI.
IO PRENDO IL ROSSO!
MAESTRA, POSSO ANDARE IN BAGNO?
VA BENE!
VA BENE! ORA RITAGLIA.
INCOLLO IL DISEGNO SUL FOGLIO?
SÌ, INCOLLATE I DISEGNI SUL FOGLIO.
MI DAI LA COLLA, PER FAVORE?
CLASSE TERZA B
BRAVI! QUESTA È LA NOSTRA CLASSE: LA TERZA B.

3 Disegna.

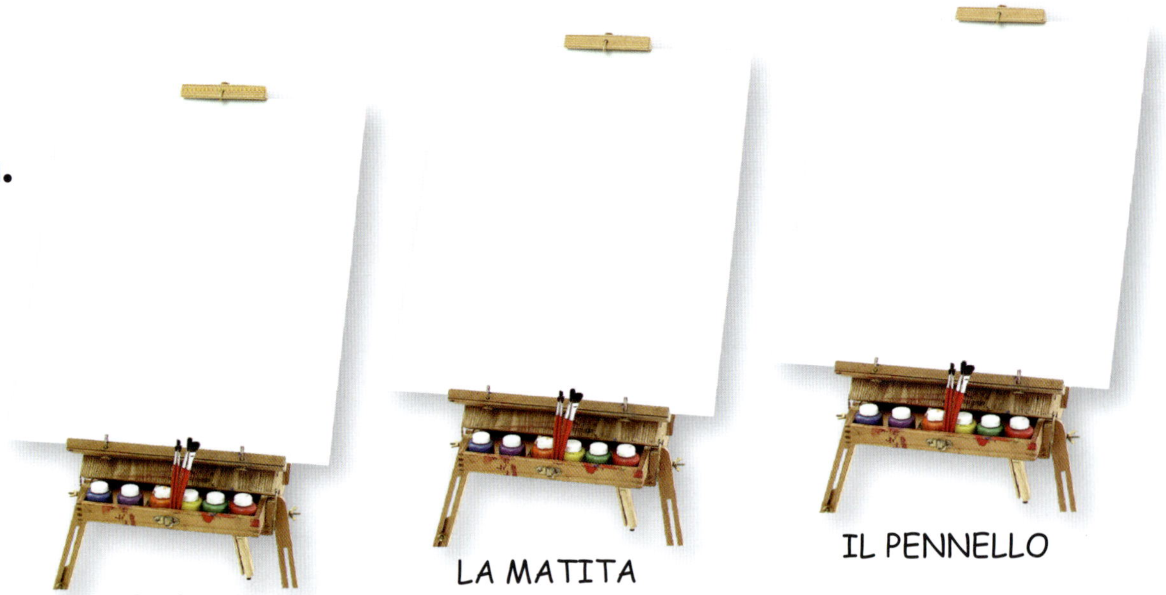

IL FOGLIO

LA MATITA

IL PENNELLO

4 Ascolta e leggi.

"LA FILASTROCCA DEI COLORI"

ROSA ARANCIO BIANCO E NERO
SONO BELLI PER DAVVERO
ROSSO GIALLO VERDE E BLU
SONO BELLI ANCOR DI PIÙ

5 Colora.

6 Colora.

1. VERDE
2. BLU
3. ROSSO
4. ARANCIO
5. GIALLO

7 Canzomimando. Ascolta, canta e mima: "A scuola".

VOCABOLARIO

Ritaglia gli oggetti a pagina 117 e incolla.

LA MATITA	LA COLLA	LE FORBICI	LO ZAINO
LA MATITA	LA COLLA	LE FORBICI	LO ZAINO
IL LIBRO	IL QUADERNO	L'ASTUCCIO	LA GOMMA
IL LIBRO	IL QUADERNO	L'ASTUCCIO	LA GOMMA
IL BANCO	LA LAVAGNA	IL CESTINO	LA SEDIA
IL BANCO	LA LAVAGNA	IL CESTINO	LA SEDIA
LA CATTEDRA	IL GESSO	LA PORTA	LA FINESTRA
LA CATTEDRA	IL GESSO	LA PORTA	LA FINESTRA
LA CARTA GEOGRAFICA	IL FOGLIO	IL PENNELLO	LA PENNA
LA CARTA GEOGRAFICA	IL FOGLIO	IL PENNELLO	LA PENNA

5 - 7

La famiglia di Paula

1 Osserva.

2 Ritaglia le immagini a pagina 119. Ascolta e incolla.

PAULA

ANDRES, IL PAPÀ

SOFIA, LA MAMMA

LUIS, IL FRATELLO

NOEMI, LA SORELLA

PABLO, IL NONNO

ADRIANA, LA NONNA

6

3 Ascolta e completa con: MAMMA, PAPÀ, SORELLA, FRATELLO, NONNO, NONNA.

4 Leggi.

5 La famiglia di Paula. Leggi e colora.

QUESTA È LA MIA FAMIGLIA:
IO, LA MIA MAMMA SOFIA,
IL MIO PAPÀ ANDRES,
MIO FRATELLO LUIS E MIA
SORELLA NOEMI.

6 **Disegna la tua famiglia e scrivi.**

....

....

....

....

7 **Chiedi al tuo compagno e rispondi alle sue domande con:**
"SÌ, È MIO/MIA" **o** "NO, NON È MIO/MIA"**.**

È TUO QUESTO... ?

È TUA QUESTA... ?

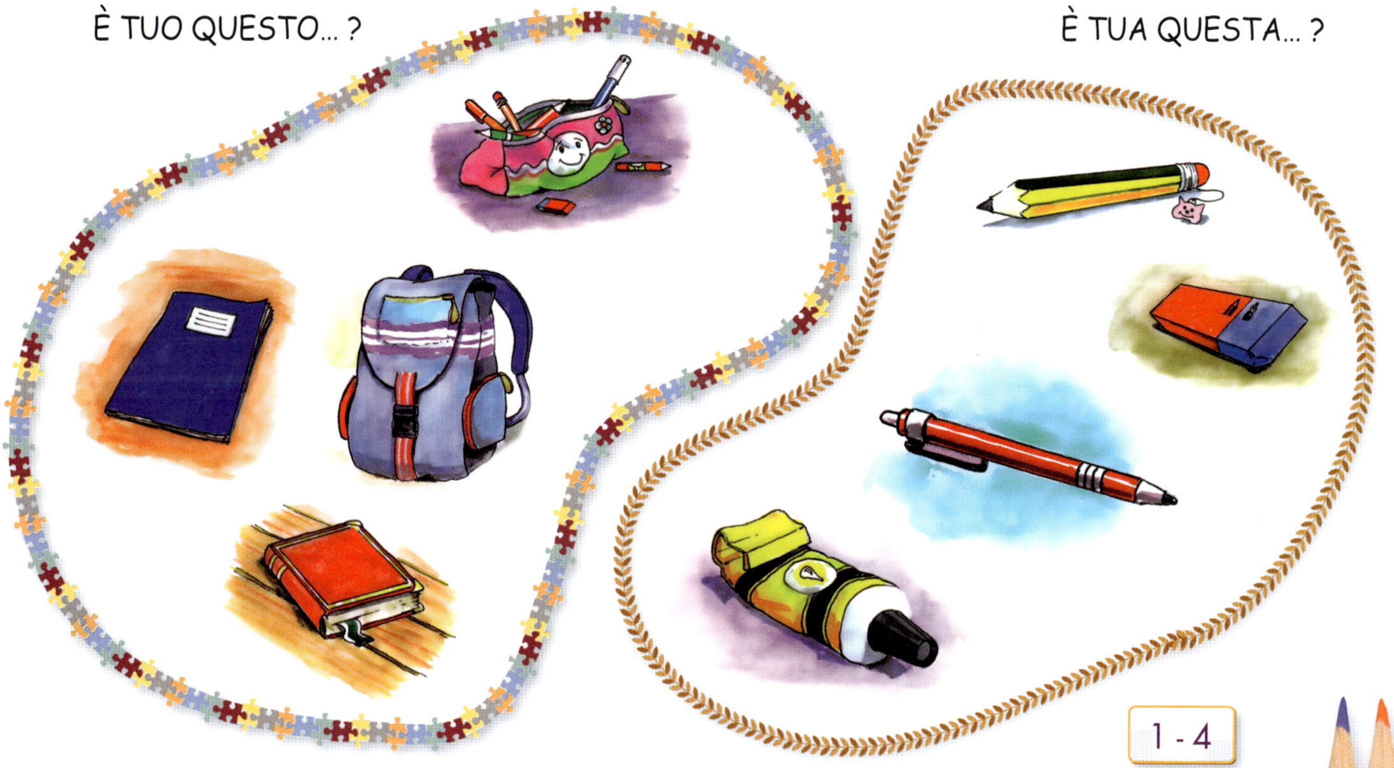

1 - 4

La famiglia di Paula

1 Ascolta e metti ✓.

IL TRENINO ✓

LA CATTEDRA ☐

LA PALLA ☐

LA LAVAGNA ☐

LE BAMBOLE ☐

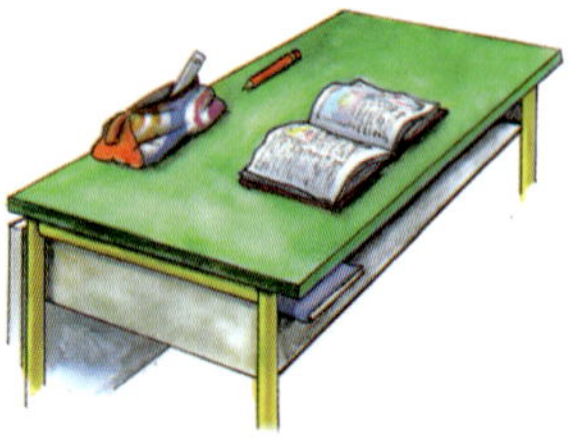

IL BANCO ☐

L'ORSETTO ☐

LE FIGURINE ☐

2 Leggi e colora.

3 Unisci.

UNA BAMBOLA

DUE BAMBOLE

UN TRENINO

DUE TRENINI

UN ORSETTO

TRE ORSETTI

UNA MACCHININA

QUATTRO MACCHININE

UNA FIGURINA

TRE FIGURINE

UNA PALLA

CINQUE PALLE

4 I miei giocattoli. Disegna e scrivi.

QUESTI SONO I MIEI GIOCATTOLI:

....

....

....

5 Quanti sono?

3

TRE BAMBOLE

a. .... TRENINI

b. .... PALLE

c. .... MACCHININE

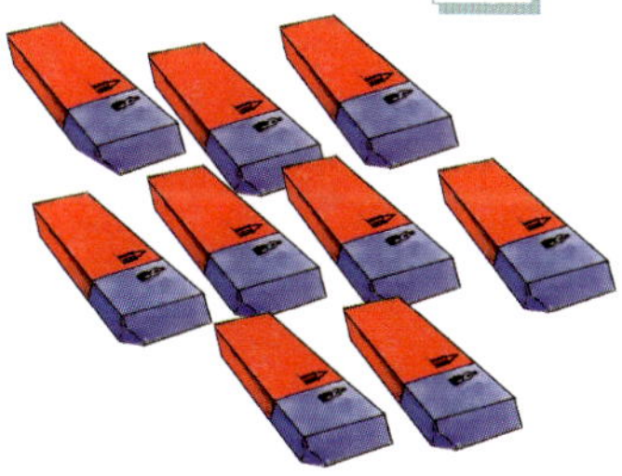

d. .... FIGURINE

e. .... GOMME

f. .... ZAINO

g. .... MATITE

h. .... ORSETTI

i. .... QUADERNI

5

1 Cerca e metti ✓.

IL CONIGLIO ☐

IL PAPPAGALLO ☐

IL GATTO ☐

LA TARTARUGA ☐

IL CANE ☐

IL PESCE ROSSO ☐

2 Leggi e completa.

3 Di che colore è? Scrivi.

1. 
2. 
3. 
4. 

1. IL CANE PALLINO È ....
2. IL GATTO CHICCO È ....
3. IL .... È ...., ... E ....
4. LA .... È .... E ....

4 Conta e rispondi.

QUANTI SONO I GATTI? ....

QUANTI SONO I CONIGLI? ....

QUANTI SONO I PAPPAGALLI? ....

5 Disegna e scrivi.

IL MIO ANIMALE È ....

Edizioni Edilingua

VOCABOLARIO

1 **Ritaglia a pagina 121 e incolla.**

CINQUE PESCI ROSSI
QUATTRO TARTARUGHE
TRE PAPPAGALLI
UN CANE
DUE GATTI
DUE CONIGLI

2 **Cerca la parola e colora.**

6 ASFHSEIPO

7 SESETTETE

8 DOTTOSTA

9 OPNOVENIVE

6 e 7

1 Colora.

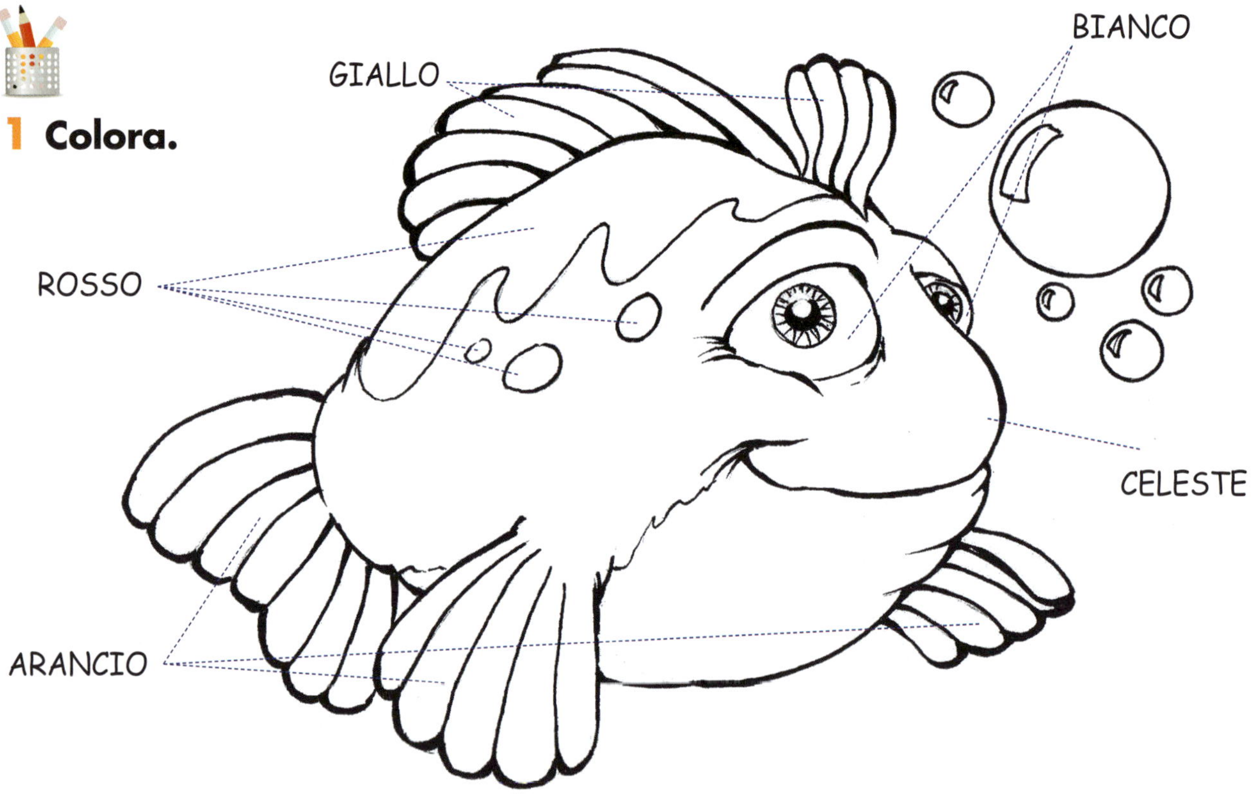

2 Aiuta Edmond.

3 Trova la parola nascosta. Cerca l'errore.

CATT(F)EDRA | LAVAGN(I)A | CESTINNO | GESESO

SSEDIA | PORTTA | BARNCO | CARTA GEOGRA(A)FICA

Ora scrivi le lettere.

FI _ _ _ _ _ A

4 Ascolta e canta: "I giocattoli".

UNA BAMBOLA
DUE ORSETTI
TRE TRENINI
SONO I GIOCATTOLI, BAMBINE E BAMBINI!

QUATTRO FIGURINE
CINQUE PALLE
E SEI MACCHININE
SONO I GIOCATTOLI, BAMBINI E BAMBINE!

5 Metti in ordine.

1

GAT TA ~~GAL~~
IL PAPPAGALLO

2

PA~~PPA~~ NI TO
IL ....

3

PE CO GA
IL ....

4

CA ROSSO
IL ....

5

TAR SCE NE
LA ....

6

~~LO~~ RU GLIO
IL ....

6 Cerca le parole.

~~ROSSO~~ GESSO CESTINO NONNO NONNA NERO
ZAINO VERDE MATITA COLLA BLU ROSA

		G	M	A	T	I	T	A
	V	E	R	D	E			
R	O	S	S	O	R	O	S	A
C	E	S	T	I	N	O		
	N	O	N	N	O			
		B			N	E	R	O
C	O	L	L	A	N			
		U		Z	A	I	N	O

9

7 Canta i colori!

ROSSO ... GIALLO ... BLU
VERDE ... ARANCIO ... ROSA
BIANCO ... CELESTE ... VIOLA
MARRONE ... NERO E ... BLU!

8 Leggi e colora.

COLORA TRE ROSSO

COLORA QUATTRO CELESTE

COLORA DUE GIALLO

COLORA UNO MARRONE

COLORA SEI ROSA

COLORA SETTE ARANCIO

COLORA CINQUE BLU

Giochiamo?

1 **Scegli e disegna al posto giusto.**

LA PALLA

IL TRENINO

LA BANDIERINA

LA BAMBOLA

L'ORSETTO

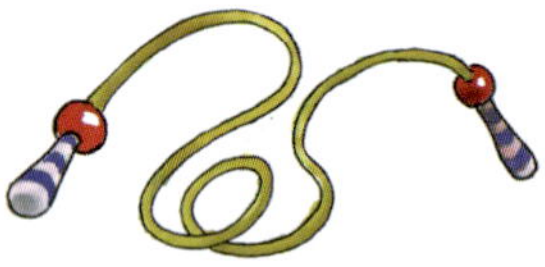

LA CORDA

Cosa manca? Scrivi i nomi.

....

10 CD-ROM

2 Ascolta e completa.

3 Leggi.

4 Cosa ti piace? Cosa non ti piace? Rispondi.

1.		.... GIOCARE A PALLA.	4.		.... GIOCARE CON LE BAMBOLE.
2.		.... SALTARE CON LA CORDA.	5.		.... LEGGERE UN LIBRO.
3.		.... GIOCARE A RUBA BANDIERA.	6.		.... DISEGNARE.

5 A chi tocca? Leggi e colora.

6 Impara la conta.

VUOI GIOCARE INSIEME A ME?
CONTA ORA FINO A TRE
UNO DUE TRE.
QUESTO GIOCO È PER UN RE
UNO DUE TRE
ESCE IL RE E TOCCA A TE.

1 - 3

12

1 Ascolta e colora.

2 Completa con:
LUI È PICCOLO **e**
LEI È PICCOLA**.**

Edizioni Edilingua

3 Com'è? È piccolo? È grande?

1. È .... È ....
2. È .... È ....

3. È .... È ....
4. È .... È ....

13 CD-ROM

4 Canzomimando. Ascolta, canta e mima: "Tocca a noi!".

FAI ATTENZIONE, ASCOLTA LA CANZONE... ORA TOCCA A ME, DOPO TOCCA A TE:
SEDUTO, IN PIEDI, SALTO, SALTO, FERMO, FACCIO UN GIRO... UN ALTRO GIRO,
CAMMINO, CORRO... BASTA!

FAI ATTENZIONE, ASCOLTA LA CANZONE... ORA TOCCA A TE:
SEDUTO, IN PIEDI, SALTA, SALTA, FERMO, FAI UN GIRO... UN ALTRO GIRO,
CAMMINA, CORRI... BASTA!

FORTE RAGAZZI!
TUTTI INSIEME, ASCOLTATE LA CANZONE... ORA TOCCA A VOI:
SEDUTI, IN PIEDI, SALTATE, SALTATE, FERMI, FATE UN GIRO... UN ALTRO GIRO,
CAMMINATE, CORRETE... BASTA!

BRAVI RAGAZZI! MI PIACE QUESTO GIOCO!
VENITE INSIEME A ME, ASCOLTATE DI NUOVO:
SEDUTI, IN PIEDI, SALTATE, SALTATE, FERMI, FATE UN GIRO... UN ALTRO GIRO,
CAMMINATE, CORRETE E... BASTA!

5 Metti in ordine le immagini. Metti 1 = prima, 2 = dopo.

Esempio:

2 1

PRIMA APRO LO ZAINO E DOPO PRENDO L'ASTUCCIO.

a)

PRIMA DISEGNO, DOPO COLORO.

b)

PRIMA GIOCO A FIGURINE E DOPO GIOCO A PALLA.

c)

PRIMA SALTA GIULIA, DOPO LUIS.

d)

PRIMA RITAGLIO, DOPO INCOLLO.

4 - 7

1 Unisci.

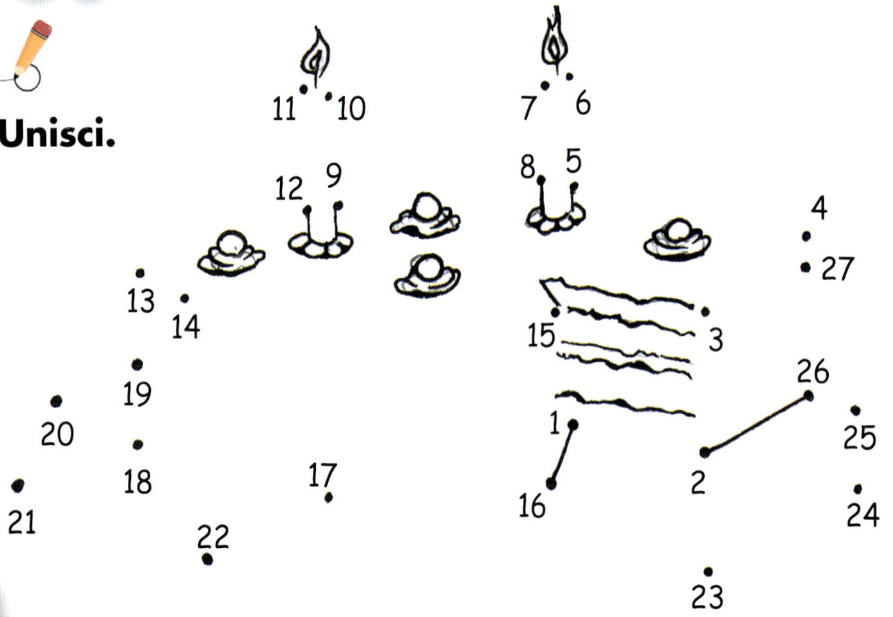

2 Ascolta e canta la canzone.

14

3 Leggi.

È IL MIO COMPLEANNO?
NO, È IL COMPLEANNO DI ZIA BLANCA.
ZIA, QUANTI ANNI HAI?
HO VENTI ANNI.
IO HO TRE ANNI, SONO GRANDE!
NO, TU SEI PICCOLA. IO SONO GRANDE, HO SEI ANNI!
MAMMA!
BASTA BAMBINI, PRENDETE I PALLONCINI!
EVVIVA, TANTI PALLONCINI!
I MIEI PALLONCINI SONO POCHI! ANCORA PALLONCINI, MAMMA!
VENITE BAMBINI, ECCO LA TORTA CON LE CANDELINE.
EVVIVA! TANTI AUGURI, ZIA!
TANTI AUGURI A TE
TANTI AUGURI A TE
TANTI AUGURI ZIA BLANCA
TANTI AUGURI A TE!
GIOCHIAMO BAMBINI?
SÌÌÌÌÌ!

4 Metti ✓.

2. NOEMI HA
   a) SEI ANNI ☐
   b) TRE ANNI ☐

1. È IL COMPLEANNO
   a) DI NOEMI ☐
   b) DELLA ZIA ☐

3. LA ZIA HA
   a) 10 ANNI ☐
   b) 20 ANNI ☐

5 Leggi, colora e completa.

☆	1	UNO
☆☆		DUE
✎✎✎	3	
✂✂✂✂		QUATTRO
	5	CINQUE
🖌🖌🖌🖌🖌🖌	6	
△△△△△△△	7	
	8	OTTO
DDDDDDDDD	9	
⊠⊠⊠⊠⊠⊠⊠⊠⊠⊠	10	
◎◎◎◎◎◎◎◎◎◎◎		UNDICI
	12	DODICI
♡♡♡♡♡♡♡♡♡♡♡♡♡		TREDICI
	14	QUATTORDICI
□□□□□□□□□□□□□□□		QUINDICI
	16	SEDICI
◇◇◇◇◇◇◇◇◇◇◇◇◇◇◇◇◇		DICIASSETTE
	18	DICIOTTO
✋✋✋✋✋✋✋✋✋✋✋✋✋✋✋✋✋✋✋		DICIANNOVE
	20	VENTI

6 Quanti anni hai? Leggi, disegna e scrivi.

7 Sono tanti? Sono pochi? Completa i disegni.

VOCABOLARIO

Mi piace... Colora le attività che ti piacciono.

LEGGERE UN LIBRO

COLORARE

SALTARE

CORRERE

GIOCARE CON LE BAMBOLE

CANTARE

STARE SEDUTO

SCRIVERE

GIOCARE CON LE FIGURINE

CAMMINARE

RITAGLIARE

GIOCARE A PALLA

GIOCARE CON LE MACCHININE

GIOCARE CON L'ORSETTO

GIOCARE CON IL TRENINO

DISEGNARE

8 - 10

1 Dov'è Lisa? Ritaglia le figurine a pagina 123. Ascolta, scegli la figurina giusta e incolla.

15

2 **Ascolta e completa con:** BAGNO, CAMERA, CUCINA, SALOTTO.

3 Dov'è Lisa? Unisci.

LISA È...

1. SOPRA IL LETTO
2. DAVANTI ALLA PORTA
3. DIETRO IL DIVANO
4. SOTTO IL LETTO
5. FUORI DALLA VASCA
6. DENTRO L'ARMADIO

a.

b.

c.

d.

e.

f.

4 Descrivi: dov'è?

DOV'È LISA?

LISA È DAVANTI ALLA TV.

DOV'È SIMONE?

DOV'È HAMID?

DOV'È EDMOND?

DOV'È PAULA?

DOV'È FANG FANG?

1 e 2

1 Che cosa c'è in soffitta?

CHE COSA C'È SOTTO LA SEDIA? SOTTO LA SEDIA C'È LA BAMBOLA.

1. CHE COSA C'È DENTRO LA SCATOLA? ....
2. CHE COSA C'È SOPRA IL TAVOLO? ....
3. CHE COSA C'È DIETRO LA PORTA? ....
4. CHE COSA C'È DAVANTI ALL'ARMADIO? ....

2 Ascolta e colora.

3 Cosa c'è nella tua aula? Disegna gli oggetti.

NELLA MIA AULA C'È / CI SONO ....

....

....

4 Unisci.

	LA BAMBOLA	I TRENINI	
	IL TRENINO	LE BAMBOLE	
	LA SEDIA	LE MATITE	
	LA SCATOLA	I LIBRI	
	IL LIBRO	LE SEDIE	
	L'ORSETTO	LE SCATOLE	
	LA PORTA	GLI ORSETTI	
	LA PALLA	LE PORTE	
	IL TAVOLO	I TAVOLI	
	LA MATITA	LE PALLE	

3 - 5

1 **Leggi.**

NUOVO VECCHIO ROTTO PULITO SPORCO

2 **Leggi e completa con:** ROTTO, SPORCO, PULITO.

3 Leggi.

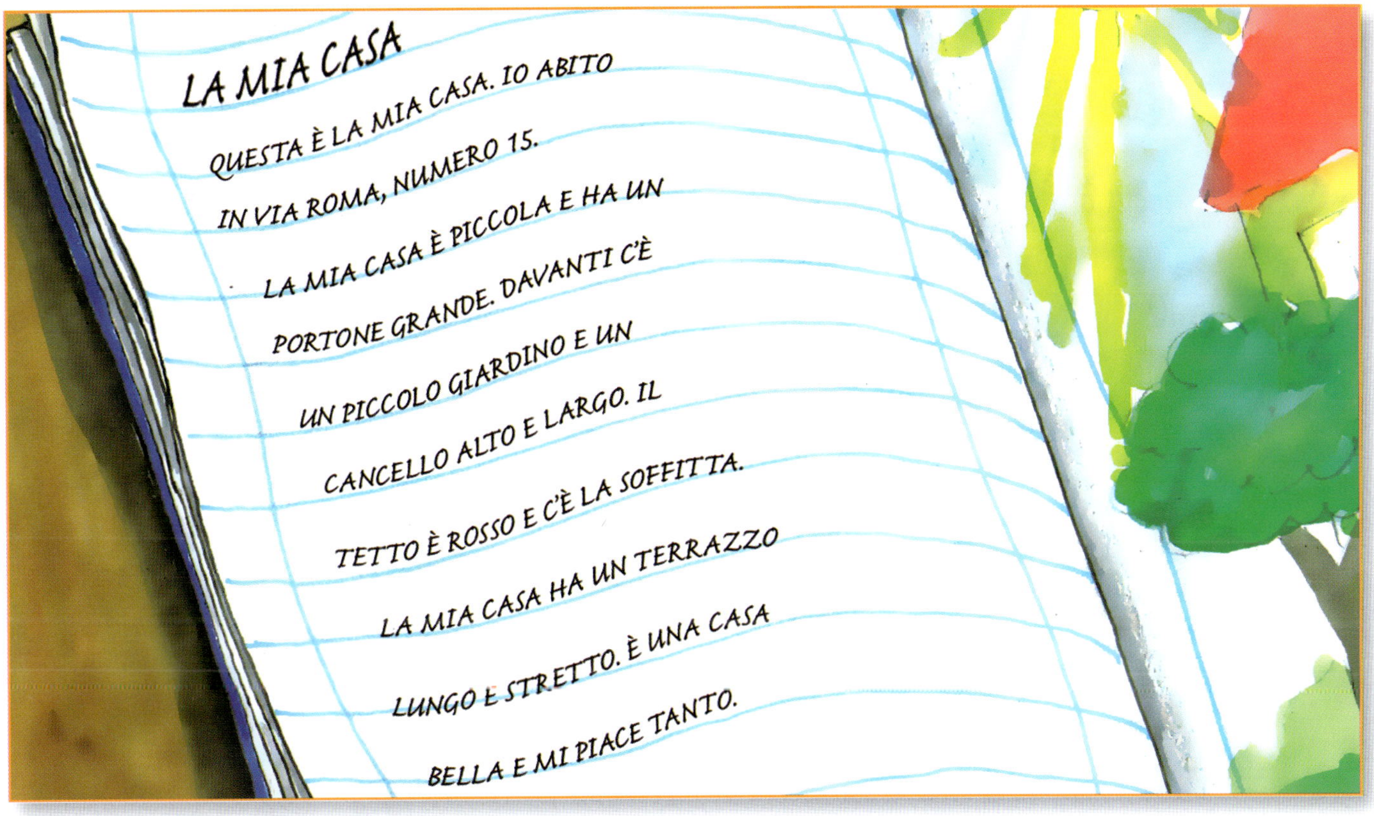
LA MIA CASA

QUESTA È LA MIA CASA. IO ABITO IN VIA ROMA, NUMERO 15. LA MIA CASA È PICCOLA E HA UN PORTONE GRANDE. DAVANTI C'È UN PICCOLO GIARDINO E UN CANCELLO ALTO E LARGO. IL TETTO È ROSSO E C'È LA SOFFITTA. LA MIA CASA HA UN TERRAZZO LUNGO E STRETTO. È UNA CASA BELLA E MI PIACE TANTO.

Com'è? Completa.

PICCOLA GRANDE LARGO ALTO
PICCOLO LUNGO STRETTO BELLA

LA CASA	IL PORTONE	IL GIARDINO	IL CANCELLO	IL TERRAZZO
PICCOLA				
			LARGO	

4 Com'è il quaderno della mamma?

....

....

....

....

5 Dove abiti? Completa.

6 E tu, dove abiti? Rispondi.

IO ABITO ....

....

7 Chiedi a quattro compagni.

DOVE ABITI?

NOME	IN VIA/PIAZZA/VIALE	NUMERO

VOCABOLARIO

17

1 Ascolta e canta!

LA CASA DI SIMONE

SAI COM'È LA CASA DEL MIO AMICO SIMONE? "RAPPA" INSIEME A ME.
FAI BENE ATTENZIONE: HA IL TETTO ROSSO E LARGO, LE SCALE,
UN BEL CAMINO, UN TERRAZZO E TRE FINESTRE, LA SOFFITTA E IL GIARDINO.
IL PORTONE È VERDE, IL CANCELLO È NERO, LA CASA È TUTTA GIALLA;
È BELLA DAVVERO! DISEGNA QUESTA CASA E RIPETI LE PAROLE:
IL TETTO ROSSO E LARGO, LE SCALE, IL CAMINO, IL TERRAZZO, LE FINESTRE,
LA SOFFITTA E IL GIARDINO. IL PORTONE È VERDE, IL CANCELLO È NERO,
LA CASA È TUTTA GIALLA; È BELLA DAVVERO!

2 Ritaglia le parti della casa a pagina 123 e incolla. Scrivi al posto giusto:

IL TETTO, IL PORTONE, IL CANCELLO, LA FINESTRA, IL TERRAZZO, LE SCALE, IL GIARDINO.

6

1 **Chiedi a cinque compagni. Ti piace ...?**
Metti ♥ = SÌ, MI PIACE, ✗ = NO, NON MI PIACE.

NOME	GIOCARE CON LA PALLA	SALTARE CON LA CORDA	GIOCARE CON LE FIGURINE	GIOCARE CON LE BAMBOLE

2 **Quanti anni hai?**
Completa le torte.

1.

2.

3.

4.

3 **È il compleanno di un compagno. Scrivi il biglietto di auguri. Ritaglia le figure a pagina 125, scegli e incolla.**

Per ....

Buon Compleanno!

Tanti auguri da

....

Per i tuoi

....

anni

4 **Cruciverba. Scrivi i numeri.**

5 **Dov'è... ? Dov'è la gomma? Dov'è la penna? Dov'è l'orsetto? Dov'è la palla?**

LA GOMMA È SOPRA IL TAVOLO.

1. LA PENNA È ....
2. L'ORSETTO È ....
3. LA PALLA È ....

6 **Trova le tre differenze.**

7 Trova gli oggetti uguali.

IN CLASSE

IN SOFFITTA

C'È
L'ORSETTO

1. ....
2. ....
3. ....
4. ....
5. ....
6. ....

8 Costruisci la tua carta d'identità.

CARTA D'IDENTITÀ

Nome

....

Cognome

....

via ....

....

n° ....

anni ....

1 Ascolta il dialogo e completa il menù della mensa.

menù della mensa scolastica

GIORNO 1	GIORNO 2
•	 • RISO AL POMODORO
•	 • FORMAGGIO E CAROTE
•	 • PERA

PASTA AL POMODORO

RISO AL POMODORO

MELA

POLLO CON PATATE

POLLO E CAROTE

PERA

BANANA

2 Ascolta di nuovo il dialogo e colora.

3 **Di chi è il menu? Osserva e scrivi il nome.**

È IL MENÙ DI ....

È IL MENÙ DI ....

È IL MENÙ DI ....

È IL MENÙ DI ....

MENÙ 1
- RISO
- POLLO
- PERA

MENÙ 2
- PASTA AL POMODORO
- POLLO CON PATATE
- MELA

MENÙ 3
- RISO
- FORMAGGIO
- PERA

MENÙ 4
- PASTA AL POMODORO
- FORMAGGIO
- BANANA

4 **Leggi e colora.**

5 Completa con: MANGIO, MANGI, MANGIA.

1 - 4

1 Unisci.

Facciamo merenda?

2 Ascolta e completa con: CENA, COLAZIONE **e** MERENDA.

3 Leggi e disegna.

LISA A COLAZIONE MANGIA I BISCOTTI E BEVE IL TÈ. SIMONE BEVE IL LATTE.

A PRANZO SIMONE MANGIA A MENSA; OGGI C'È IL POLLO CON LE PATATE.
A SIMONE PIACCIONO MOLTO LE PATATE.
ANCHE LISA MANGIA A MENSA.
OGGI C'È IL PESCE E L'INSALATA.

DOPO LA SCUOLA LISA E SIMONE FANNO MERENDA E MANGIANO IL GELATO AL CIOCCOLATO. COM'È BUONO IL GELATO!

A CENA IL PAPÀ, LA MAMMA, LISA E SIMONE MANGIANO TUTTI INSIEME LA PIZZA E LA TORTA.

COLAZIONE

PRANZO

MERENDA

CENA

4 E tu che cosa mangi?

COLAZIONE	PRANZO	MERENDA	CENA
....	....	....	....
....	....	....	....
....	....	....	....
....	....	....	....
....	....	....	....

LA PIZZA

IL PANINO

LO YOGURT

IL GELATO

LA TORTA

I BISCOTTI

IL CIOCCOLATO

LA PASTA

IL RISO

IL POLLO

IL FORMAGGIO

L'INSALATA

IL PESCE

LE UOVA

LA CARNE

LE PATATE

I POMODORI

LE CAROTE

IL PANE

LA FRUTTA

5 Chiedi a quattro compagni: "Cosa mangi a merenda?".

NOME	A MERENDA MANGIA...

5

1 Leggi e colora.

2 **Chiedi a quattro compagni: "Cosa ti piace?".**

NOME	MI PIACE...	NON MI PIACE...

3 **Completa con:** È POCO, È TANTO, È TROPPO.

È POCO *È TANTO* *È TROPPO*

1. ....

2. ....

3. ....

4. ....

5. ....

6. ....

7. ....

8. ....

9. ....

10. ....

11. ....

12. ....

4 Leggi e completa.

5 Osserva e completa.

LA MELA	LE MELE
IL POLLO	I POLLI
LA BANANA	LE BANAN....
IL PANINO	I PANIN....
LA PERA	LE ....
LA PATATA	LE ....
IL GELATO	I ....
LA PIZZA	LE ....
LA CAROTA	LE ....

20

CD-ROM

6 Ascolta e canta: "Mi piace!".

- MI PIACE IL FORMAGGIO, MI PIACE IL GELATO
- MI PIACE LA PIZZA, MI PIACE IL CIOCCOLATO
- MI PIACE IL POLLO CON LE PATATE
- MI PIACE IL PESCE CON LE CAROTE
- MI PIACE IL LATTE, MI PIACE IL TÈ
  MANGIO LA TORTA INSIEME A TE

VOCABOLARIO

Cosa ti piace? Cosa non ti piace? Ritaglia le figure a pagina 127 e incolla.

MI PIACE/PIACCIONO TANTO...	MI PIACE/PIACCIONO...	NON MI PIACE/PIACCIONO...

1 Ritaglia le figure alle pagine 129-139, scegli e incolla. Completa e colora il disegno.

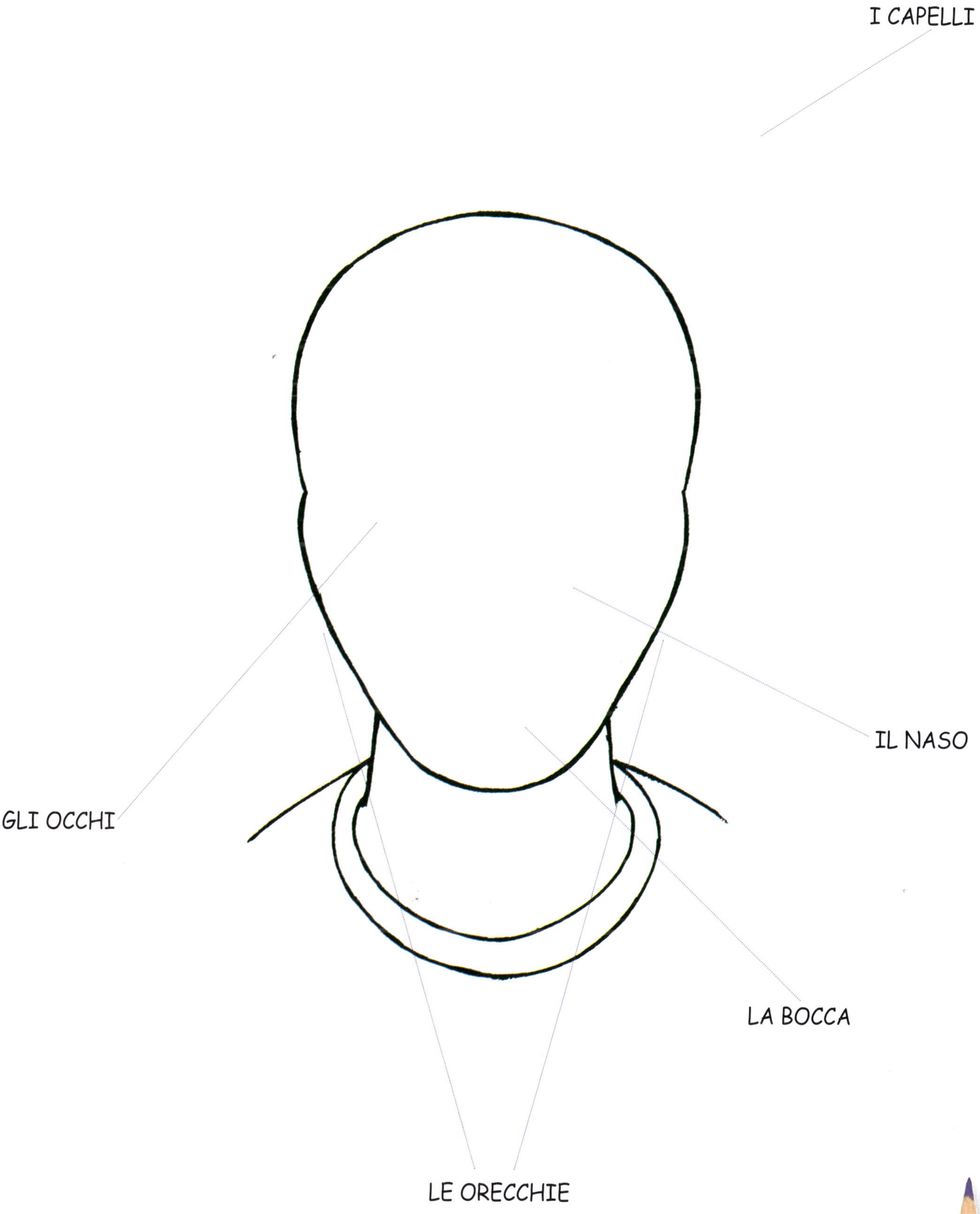

21

2 Ascolta e completa.

3 Leggi e collega.

1. HA IL NASO LUNGO
   E LA BOCCA GRANDE.
2. HA GLI OCCHI GRANDI
   E IL NASO PICCOLO.
3. HA I CAPELLI ARANCIO
   E IL NASO ROSSO.
4. HA LA BOCCA PICCOLA
   E LE ORECCHIE GRANDI.
5. HA IL NASO PICCOLO
   E LA BOCCA GRANDE.

a.

b.

c.

d.

e.

4 Scrivi. Come sono le bambole di Lisa?

SALLY HA GLI OCCHI

....,

LA BOCCA

....

E IL NASO

....

MOLLY HA LE ORECCHIE

....,

IL NASO

....

E LA BOCCA

....

DOLLY HA ....

....

....

....

....

....

Come sei?

5 Canzomimando. Ascolta, canta e mima: "Il viso".

QUESTO È IL NOSTRO VISO; SAI COSA C'È?
TOCCA CON LA MANO E RIPETI CON ME:

ORECCHIE - NASO - BOCCA - OCCHI E CAPELLI
TUTTI I BAMBINI SONO TANTO BELLI.

QUESTO È IL NOSTRO VISO; SAI COSA C'È?
TOCCA CON LA MANO E RIPETI CON ME:

ORECCHIE - NASO - BOCCA - OCCHI E CAPELLI
TUTTI I BAMBINI SONO TANTO BELLI.

1

1 Unisci.

LA TESTA

LA PANCIA

LE BRACCIA

LE GAMBE

I PIEDI

LE MANI

2 Ascolta e mima.

Come sei?

3 Il gioco delle ombre: unisci l'azione giusta alla sua ombra.

- [c] BATTI LE MANI
- [ ] SALTA
- [ ] ALZA LE BRACCIA
- [ ] PIEGA LE GAMBE
- [ ] TOCCA LA TESTA

4 Osserva e scrivi.

LA GAMBA	LE GAMBE
LA MANO	LE MANI
IL PIEDE	I PIEDI
IL BRACCIO	LE BRACCIA

LA GAMBA

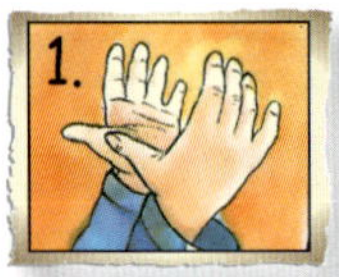

LE ....

I ....

LA ....

IL ....

5 Canzomimando. Canta e mima: "In palestra".

24 · CD-ROM

GIRA LA TESTA E ALZA LE BRACCIA
SU LA SCHIENA E IN DENTRO LA PANCIA
SBATTI I PIEDI, POI PIEGA LE GINOCCHIA
DISTENDI LE GAMBE, POI CHIUDI LA BOCCA
MUOVI LE SPALLE E ALZA IL TUO BEL VISO
GUARDA LONTANO E FAI UN SORRISO!

2 e 3

1 Dove sono?

SIMONE È DAVANTI A EDMOND.

HAMID ....

FANG FANG ....

PAULA ....

EDMOND ....

2 Leggi e completa con: ZAINO, PIEDI, SPORCO, MERENDA, PANINO, ORECCHIE.

3 Leggi e completa con: GIOCARE, CASA, FIGURINE, VACANZE, MANI, OCCHI.

VOCABOLARIO

Metti in ordine e scrivi al posto giusto.

I ...... LILPECA = I CAPELLI

1. GLI ...... CHICO = ...
2. LE ...... CHIECORE = ...
3. IL ...... SANO = ...
4. LA ...... COBAC = ...
5. LA ...... STATE = ...
6. LA ...... CIANPA = ...
7. LE ...... CICABRA = ...
8. LE ...... AMGEB = ...
9. I ...... DIEPI = ...
10. LE ...... NIMA = ...

4 - 6

Esercitiamoci!

1 Scrivi.

CIAO! COME TI CHIAMI?
CHE CLASSE FAI?

MI CHIAMO SIMONE.
FACCIO LA TERZA.

2 Scrivi.

LUI È EDMOND.
LUI CHI È?

LEI È PAULA.
LEI CHI È?

3 Scrivi.

IO SONO PAULA. SONO ANCH'IO IN TERZA B.
CIAO, MI CHIAMO FANG FANG. IO SONO IN TERZA B E TU?

4 Scrivi.

IO MI CHIAMO EDMOND.
LUI SI CHIAMA EDMOND.

IO SONO PAULA.
LEI È PAULA.

LUI È HAMID.
IO SONO HAMID.

1 Metti in ordine, scrivi e disegna.

NA PEN

PENNA

LA COL

1.

TA TI MA

2.

BI FOR CI

3.

BRO LI

4.

O STUC A CI

5.

DER QUA NO

6.

MA GOM

7.

I ZA NO

8.

2 Scrivi: VA BENE **o** NON VA BENE.

NO, LISA. NON VA BENE!

1

2

3

4
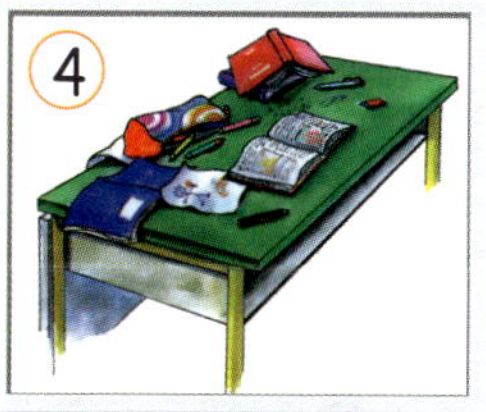

....

5

6

7

8

....

3 **Cerca le parole e il nome nascosto del bambino.**

SO	BAN	LA	FI	NE	STRA
GES	CO	VA	CE	STI	NO
TA	DIA	GNA	SI	MO	NE
POR	SE		CAT	TE	DRA
CAR	TA	GEO	GRA	FI	CA

Scrivi: LUI CHI È?

LUI È ....

4 **Unisci. Scrivi le frasi sul quaderno.**

LEGGI	PRENDI
APRI	CHIUDI

LO ZAINO	IL LIBRO
	LA PORTA
IL QUADERNO	LA FINESTRA

5 Colora.

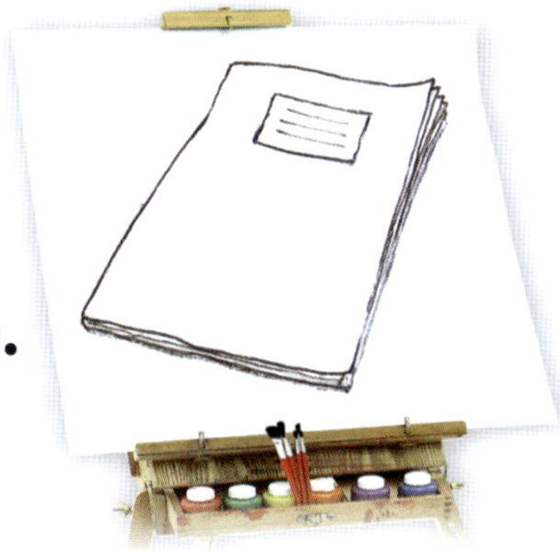
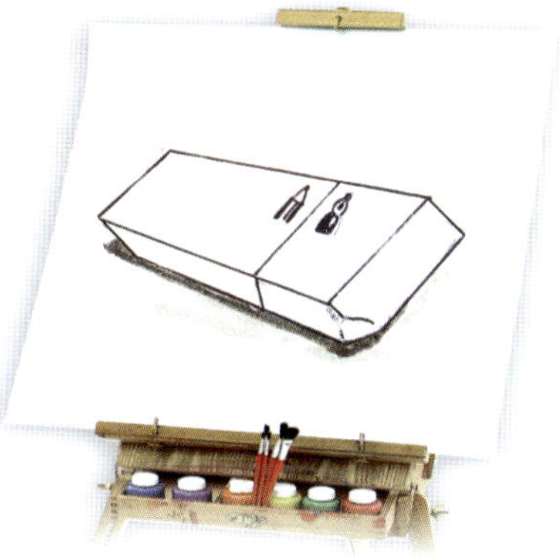

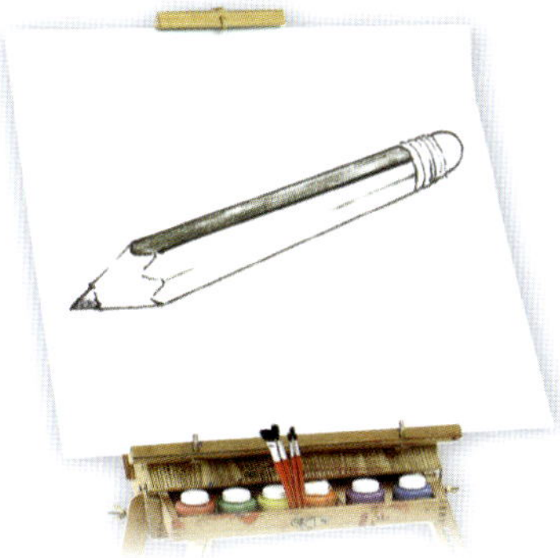
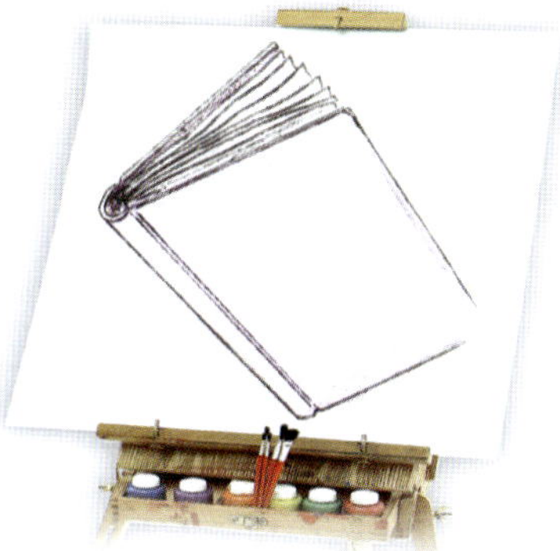
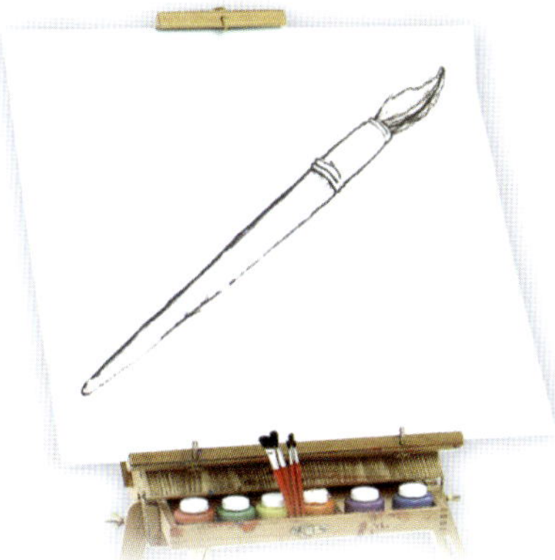

IL LIBRO CELESTE
LA MATITA ROSA
IL CESTINO VERDE

IL QUADERNO ARANCIO
LA GOMMA ROSSA E BLU
IL PENNELLO MARRONE E GIALLO

6 Completa e leggi.

1. MI DAI LA  ...., PER FAVORE?
2. MI DAI IL  ...., PER FAVORE?
3. MI DAI IL  ...., PER FAVORE?
4. MI DAI LA  ...., PER FAVORE?
5. MI DAI LA  ...., PER FAVORE?

7 Scrivi nell'ordine giusto.

RITAGLIA FANG FANG FOGLIO IL
FANG FANG RITAGLIA IL FOGLIO.

1. LIBRO IL EDMOND LEGGE ....
2. SUL QUADERNO SIMONE IL DISEGNO INCOLLA ....
....
3. CON COLORA LE MATITE PAULA ....
4. CON HAMID LE FORBICI RITAGLIA ....

Esercitiamoci!

1 La famiglia di Simone. Scrivi.

1. LUI È IL MIO .... SI CHIAMA PAOLO.
2. LEI È LA MIA .... SI CHIAMA ANNA.
3. LEI È MIA .... SI CHIAMA LISA.
4. .... È IL PAPÀ DI SIMONE.
5. .... È LA MAMMA DI SIMONE.
6. SIMONE È IL .... DI LISA.
7. ANNA E PAOLO SONO I .... DI LISA E SIMONE.

2 Metti nell'insieme giusto.

È MIO | È MIA

SORELLA | FRATELLO | NONNO | NONNA

3 Scrivi MIO o MIA.

QUESTA È LA **MIA** PENNA.
QUESTO È IL **MIO** LIBRO.

1. QUESTO È IL .... QUADERNO.
2. QUESTO È IL .... ASTUCCIO.
3. QUESTO È IL .... ZAINO.
4. QUESTA È LA .... GOMMA.
5. QUESTO È IL .... BANCO.
6. QUESTA È LA .... COLLA.
7. QUESTO È IL .... PENNELLO.

4 Completa con la domanda e la risposta.

È TUA QUESTA GOMMA? SÌ, È MIA. È TUO QUESTO FOGLIO? NO, NON È MIO.

1. .... QUESTO LIBRO?
   SÌ, ...
2. .... QUADERNO?
   NO, ...
3. .... ASTUCCIO?
   NO, ...
4. .... ZAINO?
   SÌ, ...
5. .... QUESTA PENNA?
   SÌ, ...
6. .... COLLA?
   NO, ...
7. .... PENNELLO?
   NO, ...

5 Cerca le parole e trova quella nascosta.

TO	LA	AQUI	FI
SET	BO	LO	GU
OR	BAM	TRE	RI
MAC	CHI	NI	NE
PAL	LA	NO	NE

COME SI CHIAMA? SI CHIAMA ....

6 Conta e scrivi. Quanti sono?

SONO CINQUE CONIGLI.

.... CANI.

.... PESCI.

.... TARTARUGHE.

.... PAPPAGALLI.

7 Completa.

QUESTO È IL MIO CANE.

IL CANE È DI LUIS.

1. QUESTO È IL MIO ....

2. IL PESCE ROSSO È DI ....

3. QUESTO È ....

4. IL .... È DI ....

5. QUESTA È ....

6. LA ....

7. QUESTO È ....

8. IL ....

9. ....

10. IL ....

1 Che cosa ti piace? Collega.

MI PIACE GIOCARE CON

NON MI PIACE GIOCARE CON

LE BAMBOLE
L'ORSETTO
IL TRENINO
LA CORDA
LE MACCHININE
LA PALLA
LE FIGURINE

2 Completa.

IO GIOCO
TU GIOCHI
LUI GIOCA
LEI GIOCA

1. IO .... A BANDIERINA.
2. .... CON NOI, PAULA?
3. SIMONE .... CON LA CORDA.

3 Scrivi al posto giusto.

a. TOCCA A ME.
b. A CHI TOCCA?
c. TOCCA A TE.
d. POSSO GIOCARE CON VOI?
e. GIOCHI CON NOI A PALLA?

4 Metti nell'insieme giusto.

FAI UN GIRO • CAMMINA • CORRETE • CORRI • STATE FERMI • STAI SEDUTO
STATE SEDUTI • STAI FERMO • FATE UN GIRO • CAMMINATE

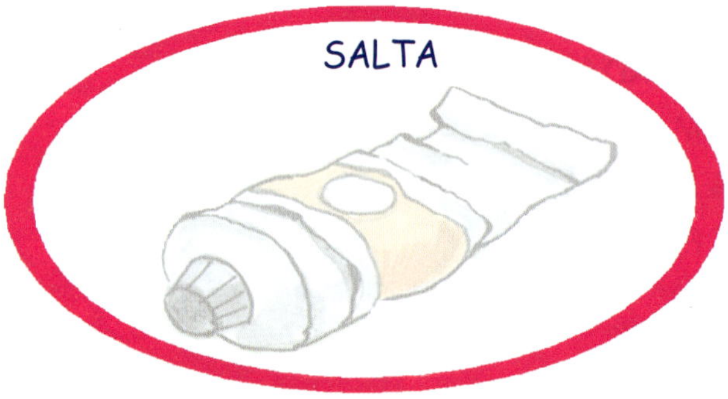

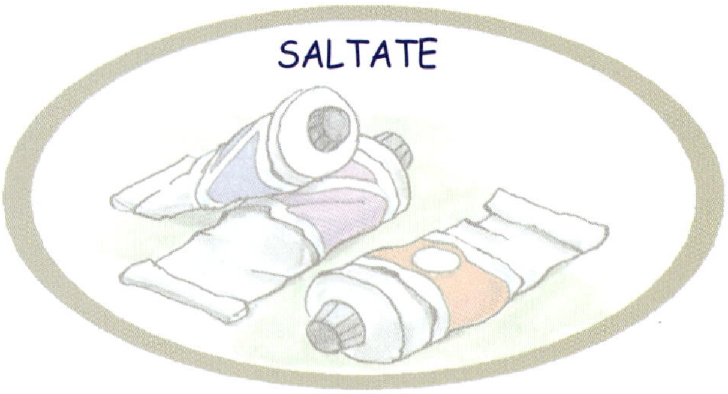

5 Metti al posto giusto.

SALTO • CAMMINA • CORRE • STO FERMO • CORRO • STA FERMO • SALTA • CAMMINO

Che cosa fa? **Che cosa fai?**

EDMOND CORRE.

IO CORRO!

1. HAMID ....

2. IO ....

3. SIMONE ....

4. IO ....

5. PAULA ....

6. IO ....

6 Rispondi: che cosa ti piace?

SÌ, MI PIACE. NO, NON MI PIACE.

TI PIACE CORRERE? ....

TI PIACE CAMMINARE? ....

TI PIACE SALTARE? ....

TI PIACE STARE FERMO? ....

7 Completa con PRIMA e DOPO.

PRIMA RITAGLIO E DOPO INCOLLO.

1. .... DISEGNO E .... COLORO.
2. .... APRO IL QUADERNO E .... SCRIVO.
3. .... APRO IL LIBRO E .... LEGGO.

8 Collega.

15 11 14 20 13 19 17 16 12 18

UNDICI TREDICI DODICI DICIANNOVE QUATTORDICI DICIOTTO SEDICI VENTI DICIASSETTE QUINDICI

20 → VENTI

9 Scrivi: quanti anni hai? Quanti anni ha tuo fratello / tua sorella?

....

....

Esercitiamoci!

10 Scrivi: TANTI, POCHI, TANTE, POCHE.

SONO POCHI PENNELLI.

SONO MOLTI PENNELLI.

SONO POCHE MATITE.

SONO TANTE MATITE.

1. SONO .... LIBRI.

2. SONO .... LIBRI.

3. SONO .... MACCHININE.

4. SONO .... MACCHININE.

1 Dov'è Chicco?

CHICCO È DAVANTI ALLA TV.

1. CHICCO È .... IL CESTINO.
2. CHICCO È .... L'ORSETTO.

3. CHICCO È .... IL DIVANO.
4. CHICCO È .... LA SEDIA.

2 Dov'è?

DOV'È LISA?

LISA È DAVANTI ALLA TV.

DOV'È HAMID?

1. HAMID È .... IL LETTO.

DOV'È EDMOND?

2. ....

DOV'È PAULA?

3. ....

DOV'È FANG FANG?

DOV'È SIMONE?

4. ....

5. ....

3 **Che cosa c'è? Unisci.**

IN CUCINA
IN SALOTTO

LETTO TAVOLO DIVANO
VASCA ARMADIO
TV SEDIA

IN BAGNO
IN CAMERA

4 **Completa con** C'È, CI SONO**.**

SUL TAVOLO C'È LA MATITA.

SUL TAVOLO CI SONO LE MATITE.

1. SOTTO LA SEDIA .... UNA MACCHININA.

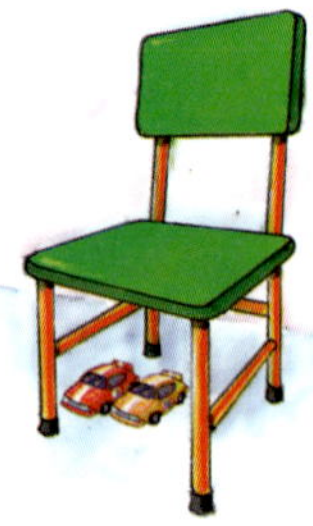

2. SOTTO LA SEDIA .... DUE MACCHININE.

3. DIETRO LA PORTA .... UN ORSETTO.

4. DENTRO LO ZAINO .... MOLTI LIBRI.

5 C'È **o** NON C'È**?**

C'È LA MATITA? — SÌ, C'È.
C'È UN GATTO? — NO, NON C'È.

1. C'È IL PENNELLO? ....
2. C'È L'ORSETTO? ....
3. C'È L'ASTUCCIO? ....
4. C'È LA BAMBOLA? ....
5. C'È LA GOMMA? ....
6. C'È LA PALLA? ....

6 Com'è? Scrivi.

PICCOLO O GRANDE

LO ZAINO È PICCOLO.

LO ZAINO È GRANDE.

ALTO O BASSO

1. IL CANCELLO È ....

2. IL CANCELLO È ....

NUOVO O VECCHIO

3. IL QUADERNO È ....

4. IL QUADERNO È ....

PULITO O SPORCO

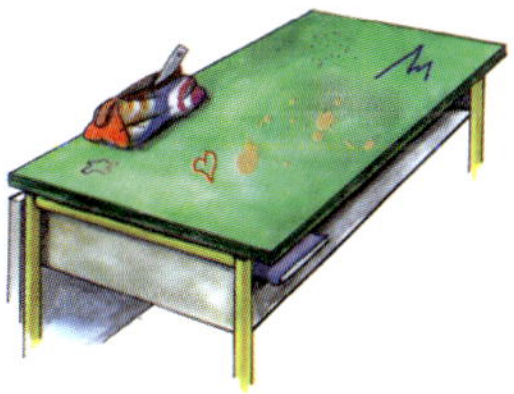

5. ....

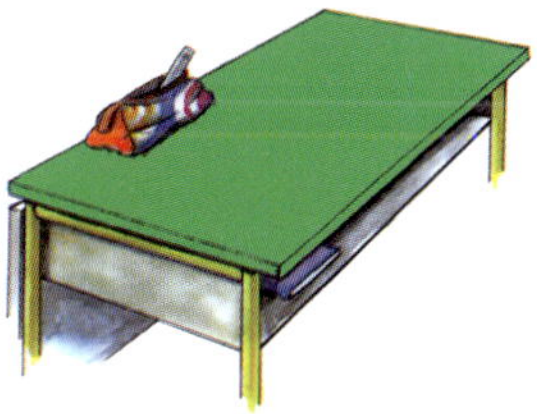

6. ....

LUNGA O CORTA

7. ....

8. ....

BELLA O BRUTTA

9. ....

10. ....

NUOVA O VECCHIA

11. ....

12. ....

PULITA O SPORCA

13. ....

14. ....

Esercitiamoci!

1 Collega.

1. IL RISO
2. IL POLLO
3. IL FORMAGGIO
4. LA PASTA
5. LA MELA
6. LA BANANA
7. LE CAROTE
8. LA PIZZA
9. LA PERA
10. I POMODORI

a. 
b. 
c. 
d. 
e. 
f. 
g. 
h. 
i. 
l. 

2 Completa con C'È e CI SONO.

3 Metti in ordine.

LA PIZZA / MANGIO / IO = IO MANGIO LA PIZZA.

1. UN PANINO / IO / A MERENDA / MANGIO =

   ....

2. MANGI / COSA / CHE / SIMONE? =

   ....

3. AL POMODORO / E / LA MELA / LA PASTA / MANGIA / ANNA =

   ....

4. IL RISO / SIMONE / CON LE CAROTE / A MENSA / MANGIA =

   ....

4 Completa con: MANGIO, MANGI, MANGIA.

A MENSA IO MANGIO IL RISO E IL POLLO.

1. HAMID .... LA PASTA AL POMODORO.
2. E TU CHE COSA ...., PAULA?
3. EDMOND .... UN PANINO A MERENDA

4. IO .... IL POLLO CON LE PATATE.
5. IO .... LA MELA E TU, EDMOND, CHE COSA ....?

5 Leggi.

SARA A COLAZIONE BEVE IL TÈ.
NELLO ZAINO METTE UN PANINO PER FARE MERENDA A SCUOLA.
A PRANZO SARA MANGIA A MENSA: OGGI CI SONO LA PASTA, LA CARNE, L'INSALATA E LA BANANA. A SARA NON PIACE L'INSALATA!
DOPO LA SCUOLA SARA MANGIA UNO YOGURT E I BISCOTTI. A SARA PIACCIONO I BISCOTTI!
A CENA SARA MANGIA CON LA SUA MAMMA E SUO FRATELLO IL PESCE. SUO FRATELLO MANGIA POCO PESCE. SARA, INVECE, MANGIA TANTO PESCE: A SARA PIACE IL PESCE!

Metti ✓.

1. A COLAZIONE SARA BEVE
   - IL TÈ ☑
   - IL LATTE ☐
   - L'ACQUA ☐

2. A MENSA SARA MANGIA
   - LA PASTA ☐
   - LA PIZZA ☐
   - LA CARNE ☐
   - LA MELA ☐
   - IL PESCE ☐
   - IL RISO ☐
   - LA BANANA ☐
   - LE CAROTE ☐
   - L'INSALATA ☐
   - L'ARANCIA ☐

3. DOPO LA SCUOLA SARA MANGIA
   - LA TORTA ☐
   - LO YOGURT ☐
   - LA PIZZA ☐
   - I BISCOTTI ☐
   - IL GELATO ☐

4. A SARA PIACCIONO
   - I BISCOTTI ☐
   - LE MELE ☐
   - LE UOVA ☐

5. IL FRATELLO DI SARA MANGIA
   - TANTO PESCE ☐
   - POCO PESCE ☐
   - TROPPO PESCE ☐

6. A SARA PIACE
   - L'INSALATA ☐
   - IL POLLO ☐
   - IL PESCE ☐

6 Metti al posto giusto.

LE MELE • LA MELA • IL POLLO • I POLLI • LE BANANE • LA BANANA • IL PANINO
I PANINI • LE PERE • LA PERA • LE PATATE • LA PATATA • I GELATI • IL GELATO
LE PIZZE • LA PIZZA • LA CAROTA • LE CAROTE • LA TORTA • LE TORTE
I BISCOTTI • IL BISCOTTO • I POMODORI • IL POMODORO

LA MELA	LE MELE
IL POLLO	I POLLI

Esercitiamoci!

1 Cerca l'errore e poi collega al posto giusto.

IL NAZO — IL NASO

1. GLI OCCI — GLI ....

2. I CAPPELI — I ....

3. LA BOCA — LA ....

4. LE ORECCIE — LE ....

2 Cerca e scrivi al posto giusto.

Trova la parola nascosta. Che cosa fa Samira?

Samira ....

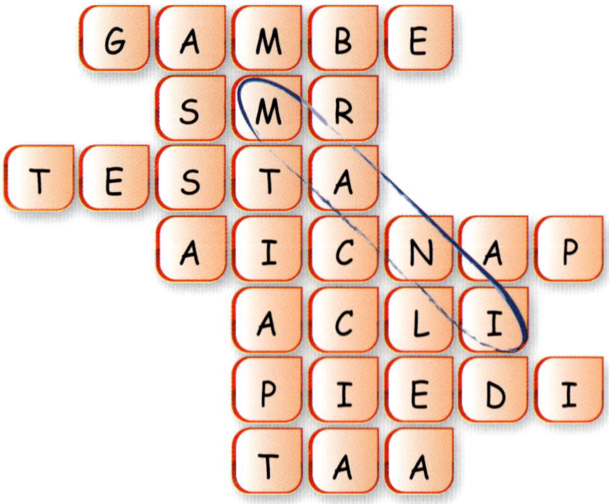

3 Che cosa fa? Scrivi al posto giusto: BATTE, PIEGA, ALZA, TOCCA.

1. .... LE GAMBE.

2. .... LE MANI.

3. .... I PIEDI.

4. .... LE BRACCIA.

4 Rispondi alle domande.

Dov'è?

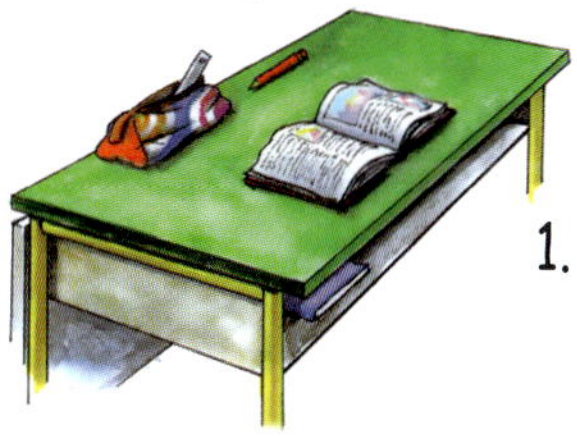

1. DOV'È IL LIBRO?

....

....

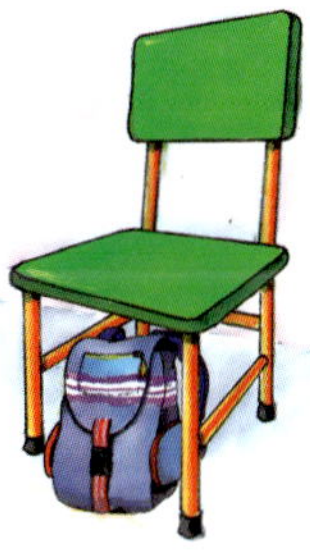

2. DOV'È LO ZAINO?

....

....

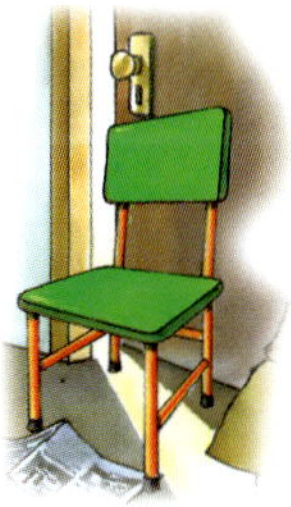

3. DOV'È LA SEDIA?

....

....

4. DOV'È CHICCO?

....

....

Com'è?

1. COM'È L'ARMADIO?

....

....

2. COM'È IL DIVANO?

....

....

3. COM'È IL QUADERNO?

....

....

4. COM'È IL CONIGLIO?

....

....

Esercitiamoci!

5 Unisci la domanda alla risposta giusta.

1. COME TI CHIAMI?	a. TOCCA A ME.
2. QUANTI ANNI HAI?	b. VENGO DALL'ARGENTINA.
3. DA DOVE VIENI?	c. SÌ, MI PIACE.
4. CHI È?	d. C'È IL QUADERNO.
5. CHE COSA È QUESTO?	e. MI CHIAMO FANG FANG.
6. DOV'È EDMOND?	f. SÌ, È MIA.
7. C'È SIMONE?	g. È MIA SORELLA.
8. CHE COSA C'È SOPRA IL BANCO?	h. NO, NON HO CAPITO.
9. QUANTI SONO QUESTI PENNELLI?	i. HO NOVE ANNI.
10. HAI CAPITO?	l. NO, SIMONE NON C'È.
11. È TUA QUESTA PENNA?	m. È UN ARMADIO.
12. A CHI TOCCA?	n. NO, BASTA. GRAZIE!
13. TI PIACE IL POLLO?	o. IL QUADERNO È NUOVO.
14. VUOI ANCORA PIZZA?	p. SONO DODICI.
15. COM'È QUESTO QUADERNO?	q. EDMOND È DIETRO LA PORTA.

6 Indovina che cosa piace a Simone! Cerca i nomi dei cibi e poi con le lettere che restano scrivi il cibo preferito di Simone.

ARANCIA • BANANA • CAROTA • GELATO
INSALATA • LATTE • MELA • PANINO
PASTA • PATATE • PERA • TÈ
POLLO • RISO • TORTA

P	O	L	L	O	L	A	C
E	A	C	A	R	O	T	A
R	O	T	T	O	R	T	A
A	T	S	A	P	I	R	O
B	A	L	L	T	C	I	O
A	L	C	A	O	E	S	N
N	E	M	S	T	L	O	I
A	G	E	N	E	T	A	N
N	T	L	I	A	T	E	A
A	R	A	N	C	I	A	P

IL MIO CIBO PREFERITO È ....

L'angolo della grammatica

G

Io... tu... lui... o... lei?

(I pronomi personali)

IO SONO HAMID.
TU SEI SIMONE.
LEI È UNA BAMBINA.
LUI È UN BAMBINO.
NOI SIAMO BAMBINI.
VOI SIETE BAMBINI.
LORO SONO BAMBINI.

Sono... sei... o... è?

(Indicativo presente del verbo *essere*)

IO SONO HAMID.
TU SEI SIMONE.
LEI È UNA BAMBINA.
LUI È UN BAMBINO.
NOI SIAMO BAMBINI.
VOI SIETE BAMBINI.
LORO SONO BAMBINI.

Per chiedere

TU CHI SEI? / CHI SEI?
LUI CHI È?
LEI CHI È?

Bambino o bambina?

(Maschile e femminile dei nomi comuni di persona in *-O* e in *-A*)

IL BAMBINO	LA BAMBINA
IL MAESTRO	LA MAESTRA
IL NONNO	LA NONNA

Attenzione!

IL PAPÀ	LA MAMMA
IL FRATELLO	LA SORELLA

Mio... tuo... o... suo?

(Aggettivi e pronomi possessivi)

QUESTO È IL MIO QUADERNO.

QUESTO QUADERNO È TUO?

QUESTO QUADERNO È SUO.

LA MIA MATITA
LA MIA GOMMA
LA TUA BAMBOLA
LA TUA PALLA
LA SUA COLLA
LA SUA FIGURINA

IL MIO QUADERNO
IL MIO LIBRO
IL TUO GESSO
IL TUO TRENINO
IL SUO ZAINO
IL SUO DISEGNO

Per chiedere

È TUA QUESTA GOMMA?
È TUO IL LIBRO?
QUESTO LIBRO È SUO?

Nostro... vostro... o... loro?

QUESTA È NOSTRA ZIA BLANCA!

È VOSTRA ZIA?

BLANCA È LA LORO ZIA.

LA NOSTRA MAESTRA
LA NOSTRA MAMMA
LA VOSTRA BAMBOLA
LA VOSTRA PALLA
LA LORO NONNA
LA LORO ZIA

IL NOSTRO MAESTRO
IL NOSTRO NONNO
IL VOSTRO ZIO
IL VOSTRO TRENINO
IL LORO BANCO
IL LORO DISEGNO

Per chiedere

È LA VOSTRA MAMMA?
È IL LORO MAESTRO?
QUESTO BANCO È VOSTRO?

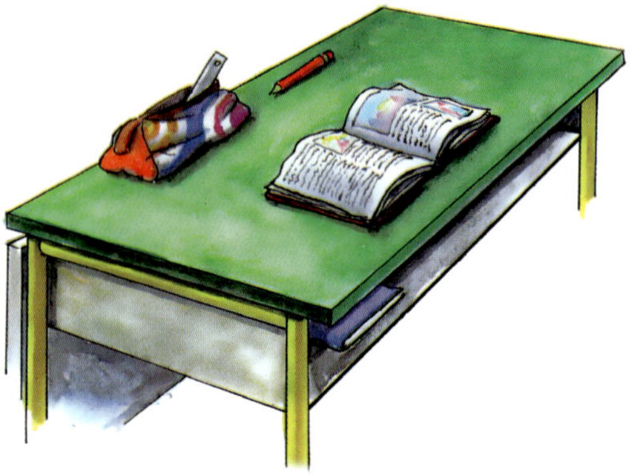

Ho... hai... o... ha?

(Indicativo presente del verbo *avere*)

IO HO LE MATITE.
TU HAI LA GOMMA.
LUI/LEI HA L'ASTUCCIO.
NOI ABBIAMO LE MATITE.
VOI AVETE LO ZAINO.
LORO HANNO IL QUADERNO.

Per chiedere

HAI UNA MATITA?
HAI LA MATITA ROSSA?
AVETE IL LIBRO?
AVETE LE FIGURINE?
QUANTI ANNI HAI?

La penna e il banco

(Il genere dei nomi)

-a

LA MATITA
LA GOMMA
LA BAMBOLA
LA PALLA
LA FIGURINA

-o

IL QUADERNO
IL LIBRO
IL GESSO
IL TRENINO
IL DISEGNO

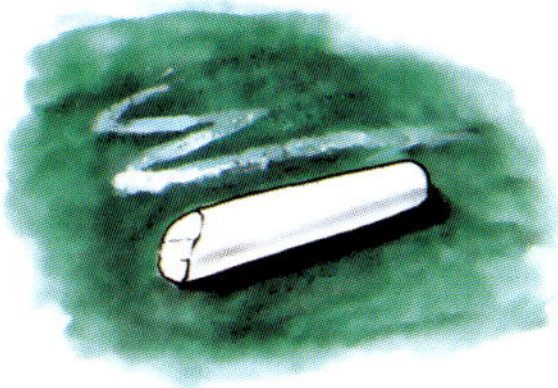

Uno o tanti?

(Il plurale dei nomi)

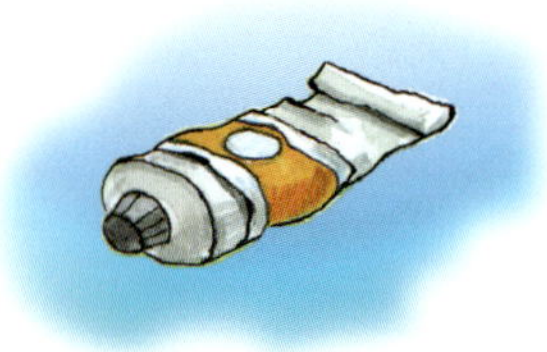

LA MATITA
LA GOMMA
LA BAMBOLA
LA PALLA
LA FIGURINA

LE MATITE
LE GOMME
LE BAMBOLE
LE PALLE
LE FIGURINE

IL QUADERNO
IL LIBRO
IL GESSO
IL TRENINO
IL DISEGNO

I QUADERNI
I LIBRI
I GESSI
I TRENINI
I DISEGNI

Attenzione!

IL BANCO	I BANCHI	~~I BANCI~~
IL FOGLIO	I FOGLI	~~I FOGLII~~

C'è... o... ci sono?

(Il verbo *essere* + *ci*)

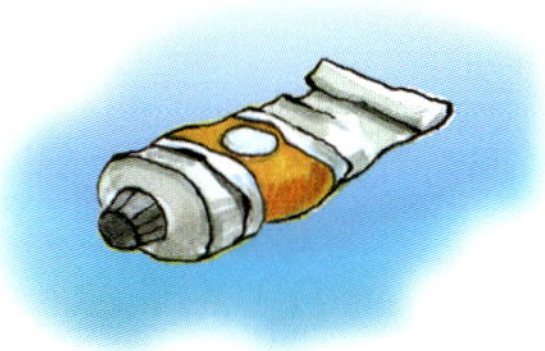

IN CUCINA C'È LISA.
NELL'ASTUCCIO C'È LA MATITA.
NELLO ZAINO C'È IL LIBRO.
SUL BANCO C'È IL QUADERNO.

IN CUCINA CI SONO LISA E SIMONE.
NELL'ASTUCCIO CI SONO LE MATITE.
NELLO ZAINO CI SONO I LIBRI.
SUL BANCO CI SONO I QUADERNI.

Per chiedere

C'È LISA?
CI SONO LISA E SIMONE?
C'È IL MIO QUADERNO?
CI SONO LE MIE MATITE?

No... non...

(La negazione)

NON VA BENE.
NON MI PIACE.
NON È MIO.
NO, NON È LA MIA PENNA.

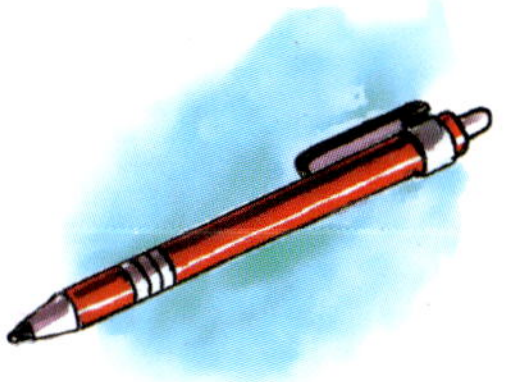

Per rispondere

TI PIACE LA PASTA?	NO.	(oppure)	NO, NON MI PIACE.
È TUA QUESTA GOMMA?	NO.	(oppure)	NO, NON È MIA.
C'È LISA?	NO.	(oppure)	NO, NON C'È.

Colorare... scrivere... o... aprire?

(Indicativo presente dei verbi regolari delle tre coniugazioni)

COLORARE	SCRIVERE	APRIRE
IO COLORO	IO SCRIVO	IO APRO
TU COLORI	TU SCRIVI	TU APRI
LUI/LEI COLORA	LUI/LEI SCRIVE	LUI/LEI APRE
NOI COLORIAMO	NOI SCRIVIAMO	NOI APRIAMO
VOI COLORATE	VOI SCRIVETE	VOI APRITE
LORO COLORANO	LORO SCRIVONO	LORO APRONO

Per parlare

IO GIOCO CON HAMID.
TU MANGI LA PIZZA.
HAMID E SIMONE CORRONO.
FANG FANG PRENDE LO ZAINO.
LA MAESTRA APRE LA FINESTRA.

La, il, lo, l'... le, i, gli

(L'articolo determinativo)

LA MATITA	LE MATITE
IL LIBRO	I LIBRI
LO ZAINO	GLI ZAINI
L'ASTUCCIO	GLI ASTUCCI

La matita rossa... il libro rosso

(La concordanza articolo-nome-aggettivo)

LA MATITA ROSSA	IL LIBRO ROSSO
LA PENNA ROTTA	IL QUADERNO ROTTO
LA TORTA È BUONA	LO ZAINO È NUOVO
LA TAVOLA È NUOVA	L'ASTUCCIO È ROTTO

LE MATITE ROSSE	I LIBRI ROSSI
LE PENNE ROTTE	I QUADERNI ROTTI
LE TORTE SONO BUONE	GLI ZAINI SONO NUOVI
LE TAVOLE SONO NUOVE	GLI ASTUCCI SONO ROTTI

Per chiedere... per rispondere

COME TI CHIAMI?	MI CHIAMO...
QUANTI ANNI HAI?	HO... ANNI.
DA DOVE VIENI?	VENGO DA...
CHI È?	È...
CHE COSA È?	È UN/UNA...
DOV'È?	È SOPRA... / È SOTTO... / È DENTRO...
C'È LISA?	SÌ, C'È. / NO, NON C'È.
CHE COSA C'È?	C'È... / CI SONO...
QUANTI SONO?	SONO...
HAI CAPITO?	SÌ, HO CAPITO. / NO, NON HO CAPITO.
È TUA/TUO?	SÌ, È MIO/MIA. / NO, NON È MIO/MIA.
MI DAI PER FAVORE... ?	SÌ. / NO.
POSSO GIOCARE?	SÌ. / NO, NON PUOI GIOCARE.
VUOI GIOCARE?	SÌ/NO, GRAZIE.
A CHI TOCCA?	TOCCA A ME. / TOCCA A TE / TOCCA A...
TI PIACE/PIACCIONO... ?	SÌ, MI PIACE/PIACCIONO. / NO, NON MI PIACE/PIACCIONO.
VUOI ANCORA... ?	SÌ, ANCORA, GRAZIE. / NO, BASTA, GRAZIE.
COM'È... ?	È... (BUONO ... ROTTO .... NUOVO ... BELLO)
POSSO ANDARE IN BAGNO?	SÌ. / NO, ORA NO.

L'angolo della grammatica

Colora colorate... prendi prendete... apri aprite!

(L'imperativo)

TU	VOI
COLORA	COLORATE
CANCELLA	CANCELLATE
RITAGLIA	RITAGLIATE
INCOLLA	INCOLLATE

TU	VOI
LEGGI	LEGGETE
PRENDI	PRENDETE
CHIUDI	CHIUDETE
SCRIVI	SCRIVETE

TU	VOI
APRI	APRITE
VIENI	VENITE

Per dare ordini e istruzioni

VIENI QUI, PER FAVORE.
APRI IL QUADERNO E SCRIVI.
CORRI!
SALTA LA CORDA!

unità 1

Tutti a scuola!

3 Ritaglia gli oggetti. Ascolta, scegli e incolla. (pagina 10)

4 Ritaglia le frasi. Gioca con il tuo compagno: mima le azioni! (pagina 15)

PRENDI LA PENNA	PRENDI LA MATITA
PRENDI LE FORBICI	APRI LO ZAINO
STAI SEDUTO	ALZATI
CHIUDI L'ASTUCCIO	CHIUDI LO ZAINO
APRI L'ASTUCCIO	PRENDI LA COLLA

VOCABOLARIO

Ritaglia gli oggetti e incolla. (pagina 19)

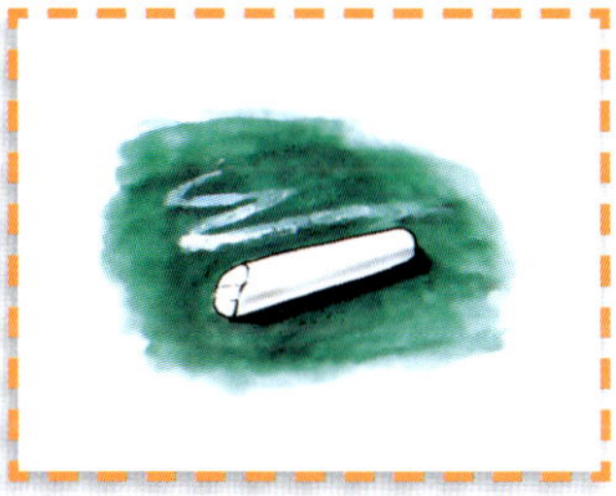

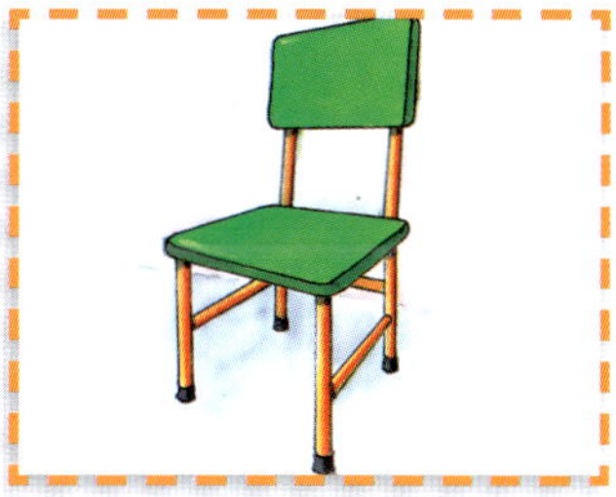

unità
2

La famiglia di Paula

2 Ritaglia le immagini. Ascolta e incolla. (pagina 20)

VOCABOLARIO

1 Ritaglia e incolla. (pagina 31)

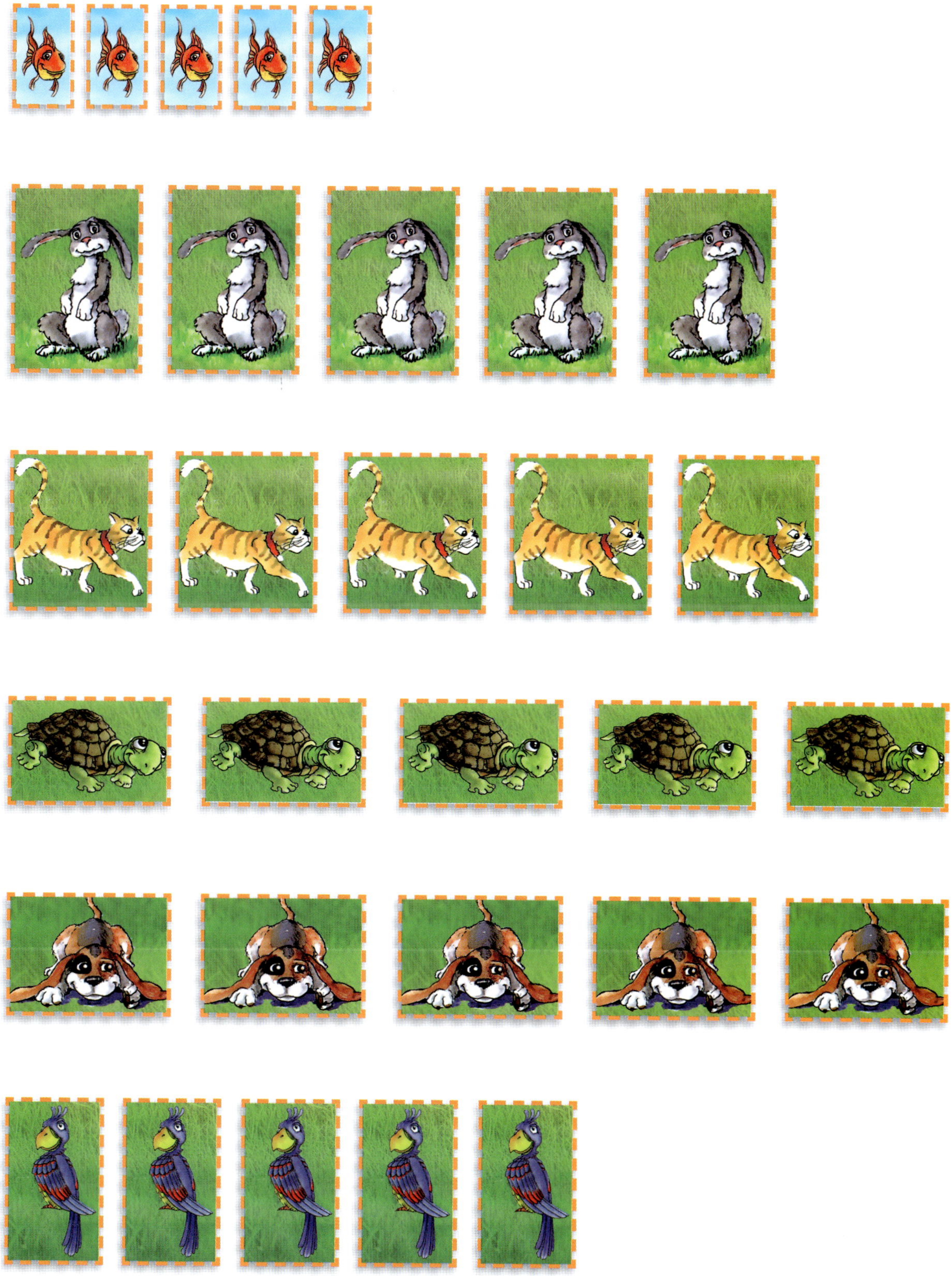

unità
4

A casa

1 Dov'è Lisa? Ritaglia le figurine. Ascolta, scegli la figurina giusta e incolla. (pagina 48)

VOCABOLARIO

2 Ritaglia le parti della casa e incolla. (pagina 57)

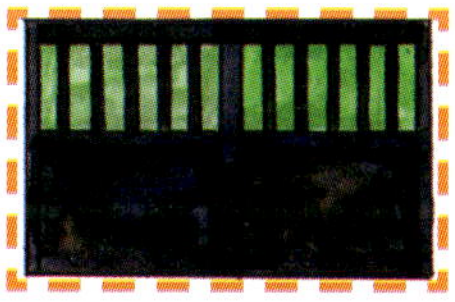

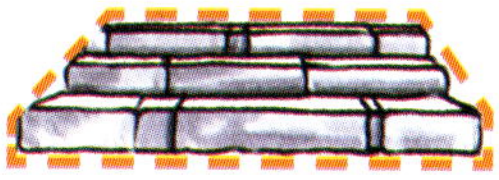

Intervallo!!! 2

3 È il compleanno di un compagno. Scrivi il biglietto di auguri. Ritaglia le figure, scegli e incolla. (pagina 59)

unità 5

Facciamo merenda?

VOCABOLARIO

Cosa ti piace? Cosa non ti piace? Ritaglia le figure e incolla. (pagina 72)

LA PIZZA

IL PANINO

LO YOGURT

LA TORTA

IL GELATO

IL LATTE

IL SUCCO DI FRUTTA

IL TÈ

IL CIOCCOLATO

LA BANANA

LA CARAMELLA

LA MELA

LA PERA

IL PANE

L'ARANCIA

L'INSALATA

I BISCOTTI

LE UOVA

IL POLLO

LA PASTA

I POMODORI

LE CAROTE

LA CARNE

LE PATATE

IL FORMAGGIO

IL PESCE

IL RISO

unità 6

Come sei?

1 Ritaglia le figure, scegli e incolla. Completa e colora il disegno.
(pagina 73)

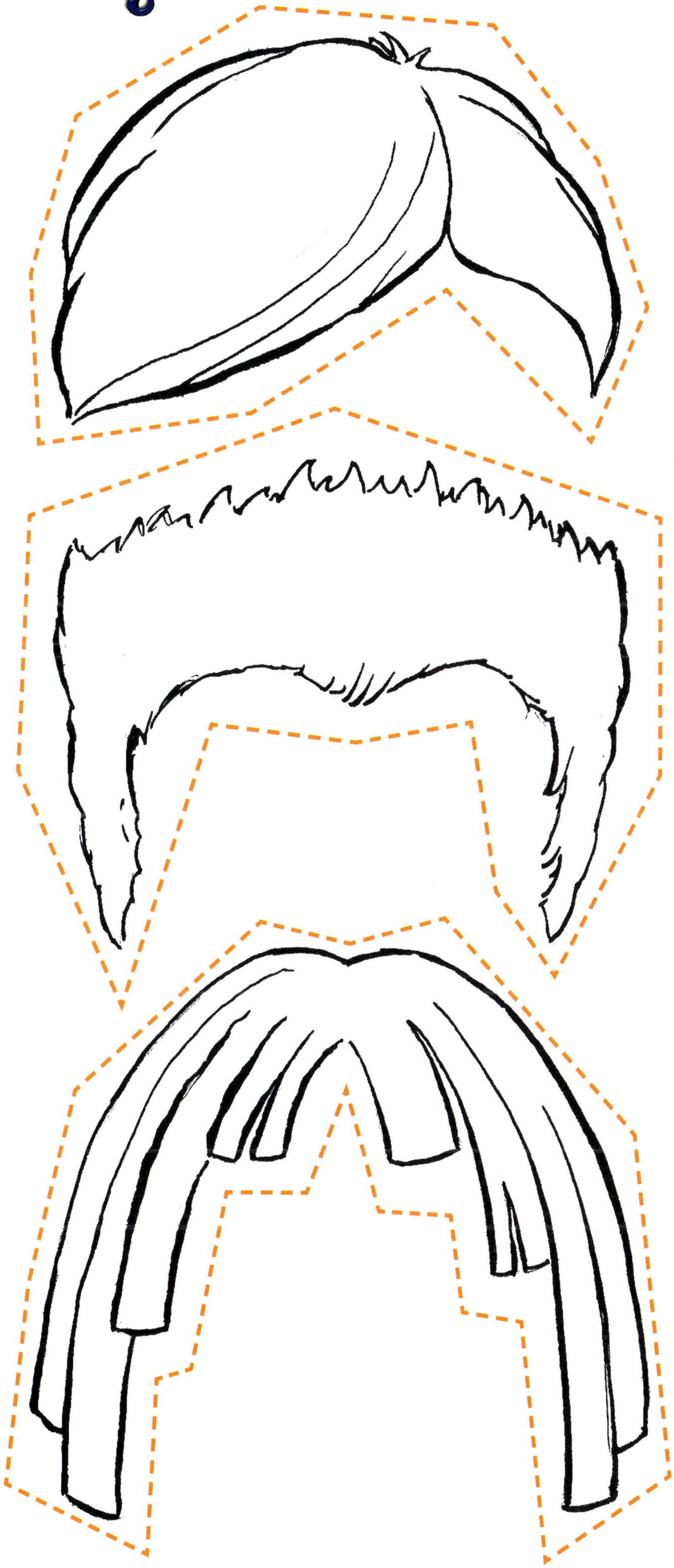

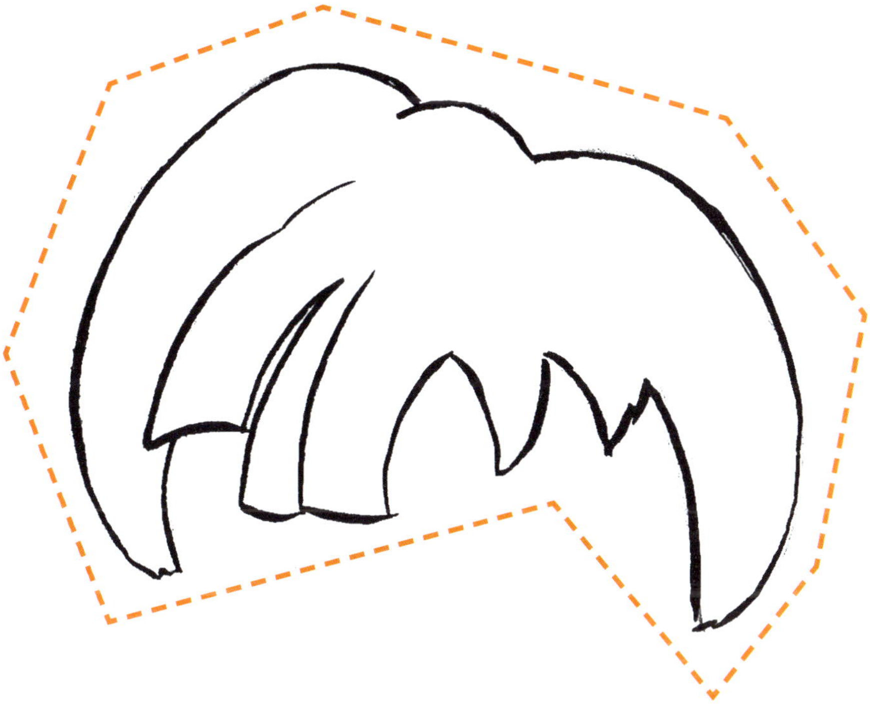

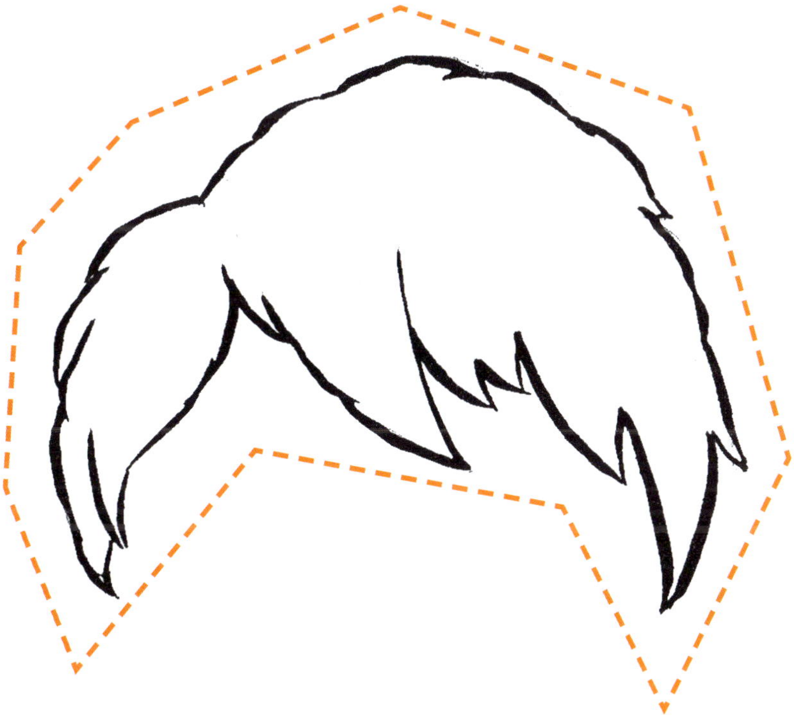

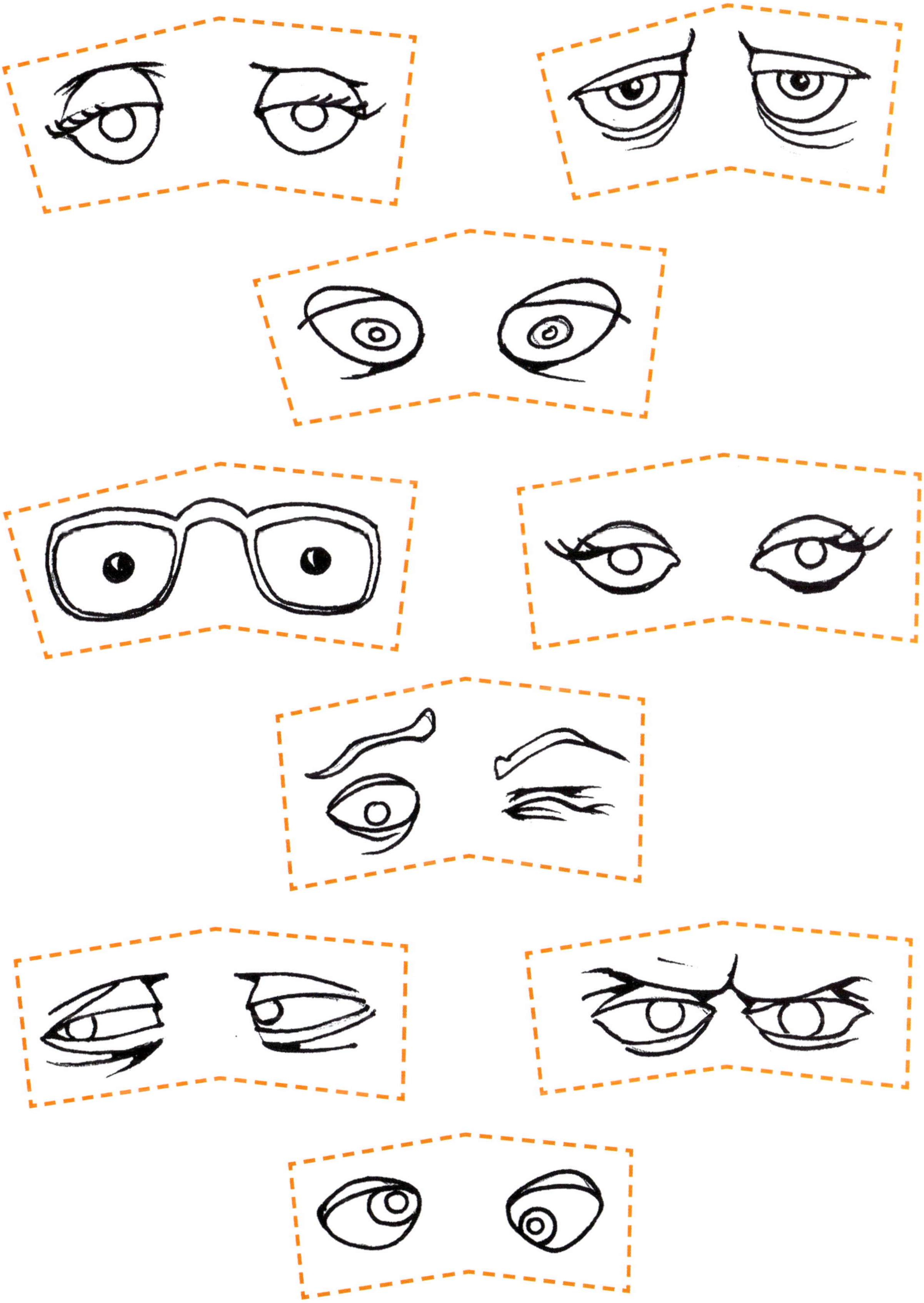

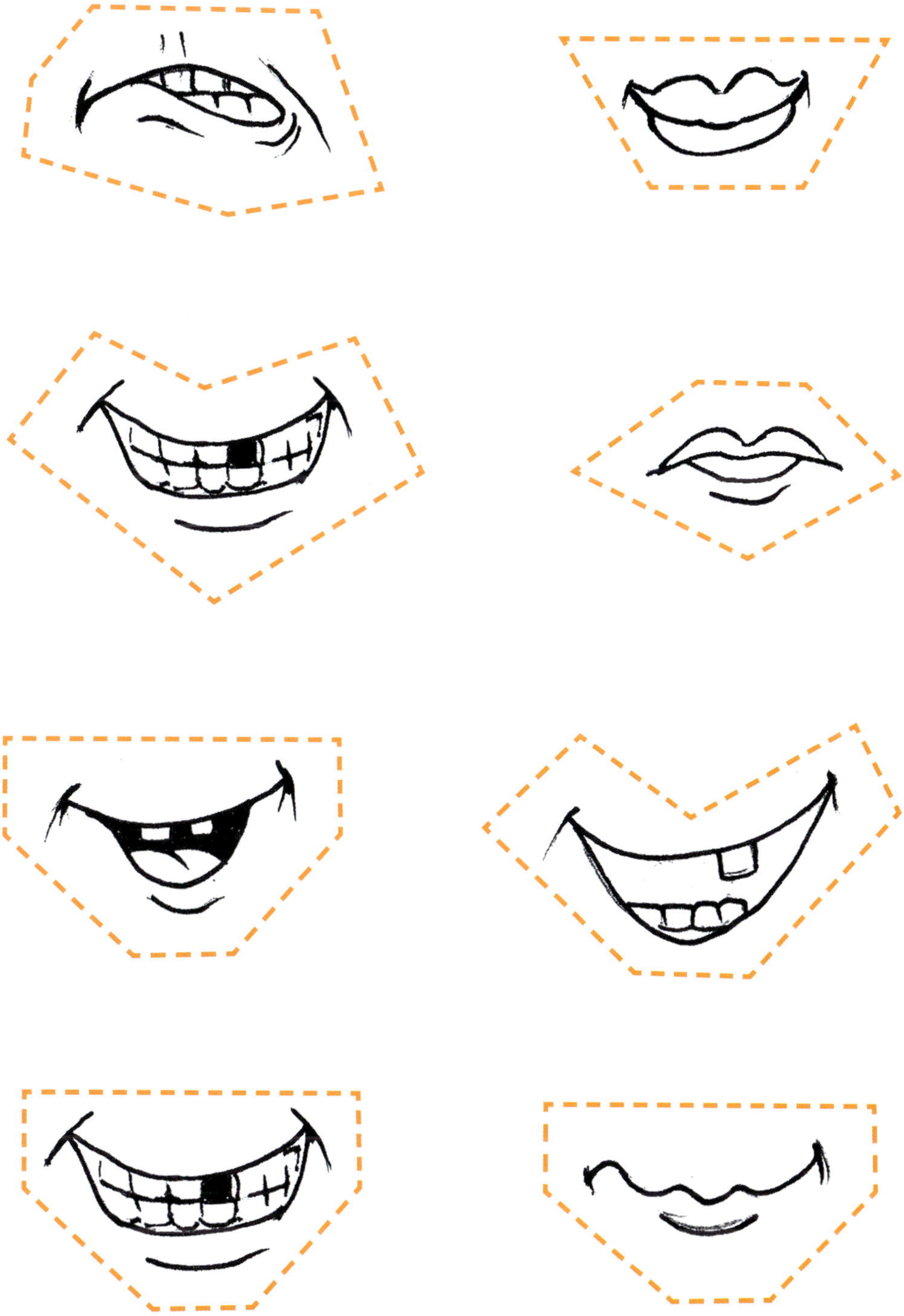

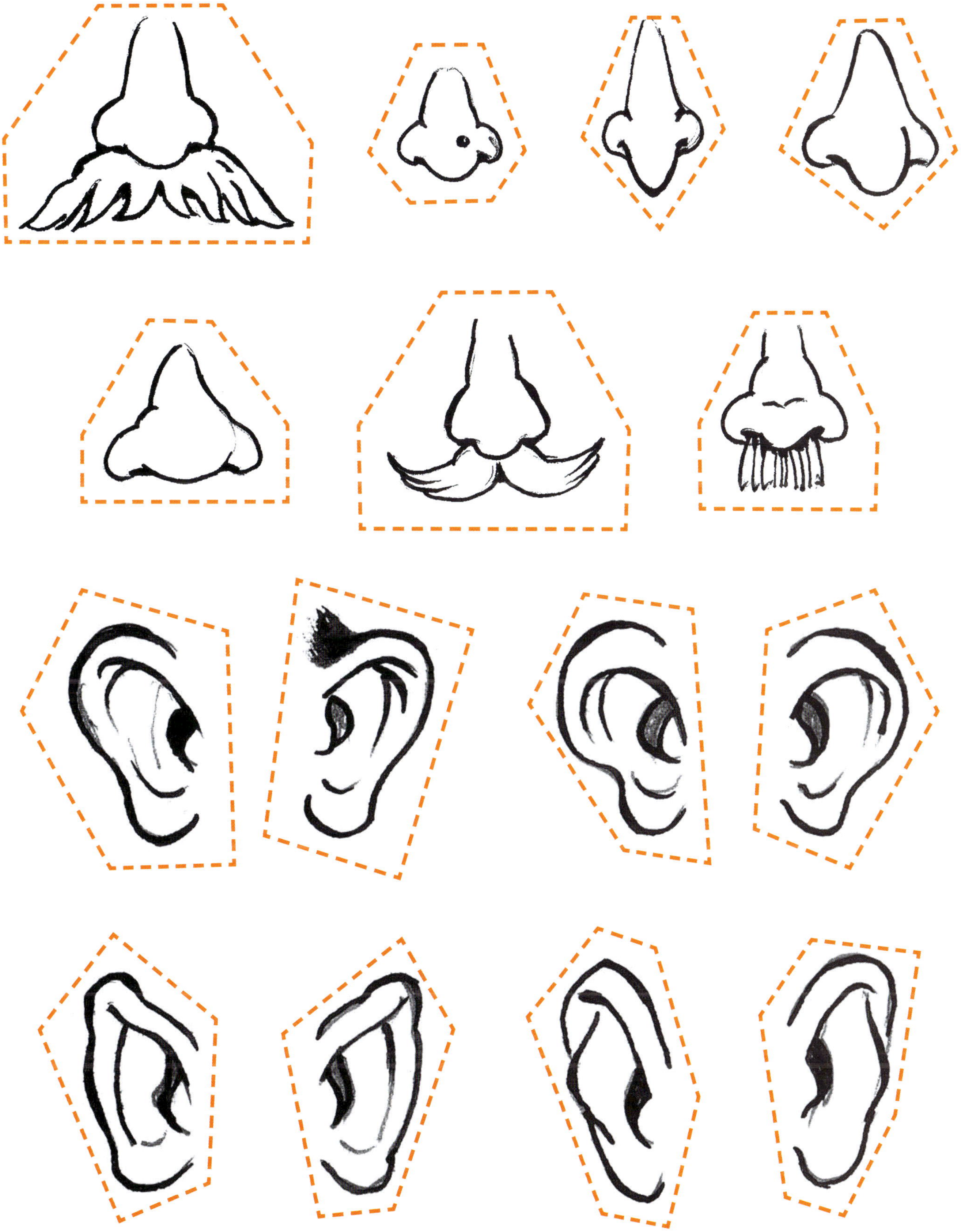

Indice

Indice

**osservazione*: termine con il quale indichiamo il contatto con forme e locuzioni, nel quale la riflessione metalinguistica viene rimandata a uno stadio successivo dell'apprendimento.

Indice CD audio

Al circo!

Italiano per bambini

livello elementare

Nuovo Vocabolario Visuale

livello elementare - preintermedio

Collana Raccontimmagini

Prime letture in italiano

livello elementare

Giochiamo con Forte!

+ di 50 giochi per bambini che imparano l'italiano

livello elementare